AF291652

Praktischer Sprachkurs Saarländisch

Eine Einführung in die
saarländische Sprache
und Kultur

von Frank Lencioni

3. Auflage

© 2016
Herstellung und Verlag: BoD - Books on Demand, Norderstedt
ISBN: 9783743138223
Umschlag: BoD easyCover
Umschlagbild/Illustrationen:
Frank Lencioni
Saarland, im Dezember 2016

<u>**Inhalt**</u>

1. *V o r w o r t e*

1.1 ***Vorwort zur Erstausgabe von 1989***

Der vorliegende Sprachkurs der saarländischen Sprache ist als Tonkassetten-kurs zum Selbststudium ausgelegt. Es existiert vermutlich eine ganze Reihe Büchlein und Heftchen, die alle den Anspruch erheben, dem Leser den saar-ländischen Grundwortschatz zu vermitteln, was jedoch nicht selten an den im Saarland so unterschiedlichen regionalen Dialektausprägungen scheitert.

Auch ich kann nicht den Anspruch erheben, dass dieses "Lehrbuch" der allein gültige Maßstab für das Erlernen der saarländischen Sprache ist. Dafür hätte ich noch viel intensiver recherchieren müssen, als ich es tat. Von der ersten Idee bis zur Fertigstellung des Werkes verging nämlich gerade einmal eine Woche! Doch trotz dieser kurzen Vorbereitungs- und Bearbeitungszeit ist das Büchlein recht gelungen, denn immerhin habe ich einen entscheidenden Vorteil auf meiner Seite: ich bin ein echter Saarländer!

Wider alle Einschränkungen erhebe ich den Anspruch, dass dieses Werk durch die Vermittlung der saarländischen Sprache und Kultur über die Landes-grenzen hinweg auch zur Völkerverständigung beitragen mag, insbesondere zur Verständigung zwischen Saarländern und dem Rest der Republik.

Meines Wissens ist dies der erste Saarländisch-Sprachkurs, der neben einem Lehrbuch auch eine Tonkassette anbietet, was ein riesiger didaktischer Fort-schritt ist. Ohne die Hilfe der Tonkassette wären die Möglichkeiten der Sprachübermittlung im Dialekt erheblich eingeschränkt, bzw. wegen einer Rei-he sprachlicher Besonderheiten gar nicht erst realisierbar gewesen.

Nun ist der Kurs fertig und ich wünsche Ihnen viel Spaß beim Lernen!

Saarland, im Sommer 1989

Frank Lencioni

Die erste Version des Saarländisch-Kurses wurde 1989 erstellt und 1990 in einer Auflagenhöhe von 5 Exemplaren (Lehrheft und Tonkassette) an einen ausgewählten Personenkreis verteilt. Die Urversion wurde noch mit einer Schreibmaschine erstellt, das fertige Werk einfach kopiert und dann mit einer Spiralbindung zusammengefügt. Die Tonkassette (eine Datenkassette mit einer Gesamtspielzeit von 15 Minuten) erwies sich im Laufe der Aufnahmen seinerzeit als zu gering dimensioniert, so dass ich die Sprachgeschwindigkeit gegen Ende der vertonten Vokabeln steigern musste. Das hörte sich zwar durchaus recht lustig an, war allerdings in dieser Form nicht geplant.

Im Jahr 2001 habe ich den Saarländisch-Kurs (die vorhandenen Lektionen und den Grammatikteil sowie auch eine Handvoll ausgewählter Vokabeln) einem breiten Publikum über meine Internetseite zugänglich gemacht. Der Saarländisch-Kurs sollte zu einem interaktiven Kurs ausgebaut werden, doch leider fehlte immer wieder die Zeit, diese Planung zu realisieren. Dieser halbfertige Online-Kurs der saarländischen Sprache war der ursprünglichen Version einfach nachempfunden, jedoch wurden eine ganze Reihe neuer Darstellungsmethoden genutzt, damit der Kurs lebendiger wirkt.

Die vorliegende dritte Auflage ist eine neue Testausgabe, die wieder als reine Druckversion konzipiert wurde. Allerdings können Sie heute zusätzlich die fertige Online-Version des Kurses auf meiner Saarländisch-Webseite nutzen und außerdem die Dateien zur Erzeugung einer CD von dieser Webseite herunterladen: http://saarlaendisch.lencioni.de. Im Übrigen wurde diese 3. Auflage noch einmal grundlegend überarbeitet und ein wenig erweitert.

Ein Ziel des Kurses ist es nach wie vor, die Völkerverständigung positiv mit-zugestalten, den nicht mehr im Saarland lebenden Saarländern auf diesem Weg ein Stückchen Heimat zu vermitteln und das Interesse all jener zu wek-ken, die bislang noch nicht das Saarland besuchten. Als Saarländer denkt und handelt man ja schließlich global, trotz oder gerade wegen der ausgeprägten Bodenständigkeit.

Auch für den interaktiven Teil des Kurses auf CD, die Sie sich mit dem kostenlosen Download der vertonten Lektionen und Sprachbeispiele erzeugen können, wird das Wort das tragende Element sein. Daher mag Ihnen der Kurs durchaus als zu textüberladen erscheinen, vor allem dann, wenn Sie im Internet lieber auf bunte Bildchen klicken, die dann wiederum bunte Bildchen anzeigen und Sie zu völlig unsinnigen "interaktiven Aktionen" auffordern. Das alles werden Sie bei diesem Kurs mit Sicherheit nicht finden! Aber wer sagt denn, dass das Erlernen einer "Fremdsprache" nicht trotzdem Spaß machen kann?! Was hält Sie davon ab, einmal persönlich ins Saarland zu kommen um Land und Leute kennen zu lernen? Sie sind im Saarland jederzeit herzlich willkommen, solange Sie in friedlicher Absicht kommen!

Freuen Sie sich nun auf einen Kurs, der Ihnen neben lebendigen Lektionen mit Übungseinheiten auch ein umfangreiches Vokalbelverzeichnis anbietet, das Sie auch als Reisewörterbuch verwenden können. Darüber hinaus sind die Phrasen für die wichtigsten Situationen (Restaurant, Arzt, Apotheke usw.) in einer Schnellübersicht im Anhang des Buches noch einmal aufgeführt.

Wenn Sie den Kurs durchgearbeitet haben, können Sie auf der Internetseite http://saarlaendisch.lencioni.de eine Sprachprüfung ablegen und auf diesem Weg das begehrte Saarländisch-Diplom erwerben. Die Konditionen hierzu finden Sie auf der Internetseite.

Genug der Worte! Fangen Sie nun endlich an, die saarländische Sprache zu lernen. Sie glauben ja gar nicht, wie schwierig es einem Saarländer fällt, in seinem Dialekt zu denken und dann trotzdem alles hochdeutsch aufschreiben zu müssen ...

Ich wünsche mir, dass Sie ein wenig Spaß daran haben, den Kurs durchzuarbeiten, dass Sie lachen, wenn Sie sich die Tonbeispiele anhören, dass Sie sich zufrieden in Ihrem Stuhl zurücklehnen, in der Gewissheit, dass wenigstens Sie ein einwandfreies Hochdeutsch beherrschen und die saarländische Sprache für Sie "nur" eine wichtige Zweitsprache darstellt. Und dennoch: Wir an der Saar gehören wirklich und wahrhaftig zum deutschsprachigen Kulturkreis und wir sind - trotz aller "Merkwürdigkeiten" - ein herzliches Völkchen, das auch jeden "Auswärtigen" mit offenen Armen empfängt.

Saarland, im Dezember 2016

Frank Lencioni

2. *E i n l e i t u n g*

2.1 *Zur Geschichte des Saarlandes*

Um etwa 900 gehörte das Saarland, wie wir es in seinen heutigen Grenzen kennen, größtenteils zum Reich der Franken. Lothringen dehnte seinen Einflussbereich bis zur Saar-Linie hin aus. Im Südosten grenzte Schwaben an die Region. Dieses Dreiländereck lag zwischen dem unteren Bliesgau und Zweibrücken.

Etwa um diese Zeit sind im östlichen Teil des Saarlandes die meisten urkundlichen Ortserwähnungen (Ersterwähnungen) zu verzeichnen. Dabei handelte es sich meist um Neuansiedlungen der Franken, Lothringer und - in geringem Ausmaß - auch der Schwaben.

Das Saarland ist also seit jeher ein ausgesprochenes Grenzland im Herzen Europas und gleichzeitig ein Schmelztiegel der Völkergruppen und Kulturen. Die Lothringer, die an der Saar siedelten, kamen überwiegend aus dem Norden (vom Niederrhein) und die Franken aus dem Osten und Nordosten.

Schon um die Zeit von etwa 600 bis 740 erfasste die Christianisierung auch die Region des heutigen Saarlandes und breitete sich zunächst - wie überall - entlang der großen Wasserstraßen aus. Das Landesinnere wurde später von der Saar, von der Mosel und auch vom Rhein aus christianisiert. Auch die ersten Bischofssitze entstanden in jener Zeit, so in Köln, Trier, Mainz, Worms, Speyer und Straßburg. Der Klerus gewann schnell an Macht und dehnte seinen Einflussbereich ständig weiter aus. Glaubenstreue Herzöge und Landgrafen unterstützten dies.

Von 1381 bis 1793 herrschten die Grafen von Nassau-Saarbrücken über weite Teile des Saarlandes. Die Nassauer kamen aus dem heutigen Hessen, das einst fränkisch gewesen ist.

Nach dem Dreißigjährigen Krieg wurden die Gebiete an Nahe, Mosel und Saar (bis fast nach Völklingen hinunter) von Katholiken bevölkert, die größtenteils vom Niederrhein einwanderten. Das Erzbistum Trier konnte seinen Einflussbereich bis nach St. Wendel hinein ausdehnen, und der größte Teil der Bevölkerung des heutigen Landkreises St. Wendel war und ist noch immer katholisch. Die Abtei in Tholey und die Basilika zu Ehren des Heiligen Wendelin in St. Wendel waren um die Jahrtausendwende die wichtigsten Vorposten der Christianisierung in dieser Region, die auch nach dem Dreißigjährigen Krieg den Einflussbereich des Erzbistums Trier erneut festigten.

Die östlichen und auch südlichen Teile des heutigen Saarlandes wurden nach dem Dreißigjährigen Krieg wieder überwiegend von Franken und anderen Lutheranern besiedelt. All dies trug mit zur Ausbildung der saarländischen Dialekte bei.

Nach dem Wiener Kongress 1815 wurde das heutige Saarland wieder einmal aufgeteilt. Diese Aufteilung war, wenn auch nur in geringem Maße, wieder für Neuansiedlungen von Menschen aus den jeweiligen Herrschaftsgebieten verantwortlich.

Um nur einige Beispiele zu nennen, kamen die Ostertalgemeinden Dörrenbach und Werschweiler zum protestantischen Herzogtum Sachsen-Coburg, während die Gemeinden Saal, Bubach, Marth, Niederkirchen, Hoof und Osterbrücken beim katholischen Königreich Bayern blieben. Diese Gemeinden waren und sind überwiegend protestantisch besiedelt. Die katholischen Gemeinden Haupersweiler und Oberkirchen blieben beim protestantischen Königreich Preußen.

Die Ausbildung der saarländischen Sprache (und die innerhalb dieser Ausprägung sehr unterschiedlichen Sub-Dialekte) hängt also sehr stark von der Herkunft der einst zugewanderten Menschen und dem Einflussbereich der katholischen wie der protestantischen Kirche ab.

2.2   *Die Entstehung der saarländischen Dialekte*

Die Entwicklung der saarländischen Dialekte ist in erster Linie auf die Besiedlung des Saarlandes durch Lothringer und Franken zurückzuführen. Die Lothringer, die von Niederrhein kamen, brachten den **mosel-rheinischen Dialekt** in das Gebiet des heutigen Saarlandes, während die Franken von Nordosten und Osten kamen und eine urgermanische Sprachform, die wir als **fränkischen Dialekt** bezeichnen, mitbrachten.

Durch die Herrschaft der Grafen von Nassau-Saarbrücken blieben die einst fränkischen Dialekte - auch nach dem Dreißigjährigen Krieg - im katholisch besiedelten Landesteil weitgehend erhalten. Das Erzbistum Trier hatte ebenfalls bis 1792 noch sehr großen Einfluss auf die nördlichen Teile des heutigen Saarlandes; somit blieb dort auch der mosel-rheinische Dialekt weitgehend erhalten.

Allerdings kam es im Laufe der Zeit immer mehr zu einer Sprachvermischung, vor allen Dingen in Gebieten, die zwar überwiegend von Katholiken bevölkert, aber protestantisch regiert wurden. So verlaufen die heutigen Dialektgrenzen keineswegs gerade, sondern sind von Gemeinde zu Gemeinde verschieden, oft existieren sie aber nur in kleinsten Unterschieden in der Aussprache bestimmter Wörter. Dies ist stark davon geprägt, ob eine Gemeinde überwiegend katholisch ist oder mehr Protestanten dort leben. Der überwiegende Teil der katholischen Bevölkerung spricht auch heute noch einen mehr mosel-rheinischen Dialekt, während die Protestanten mehr den fränkischen Dialekt sprechen.

Vereinfachte Darstellung der (fließenden) Dialektgrenzen:

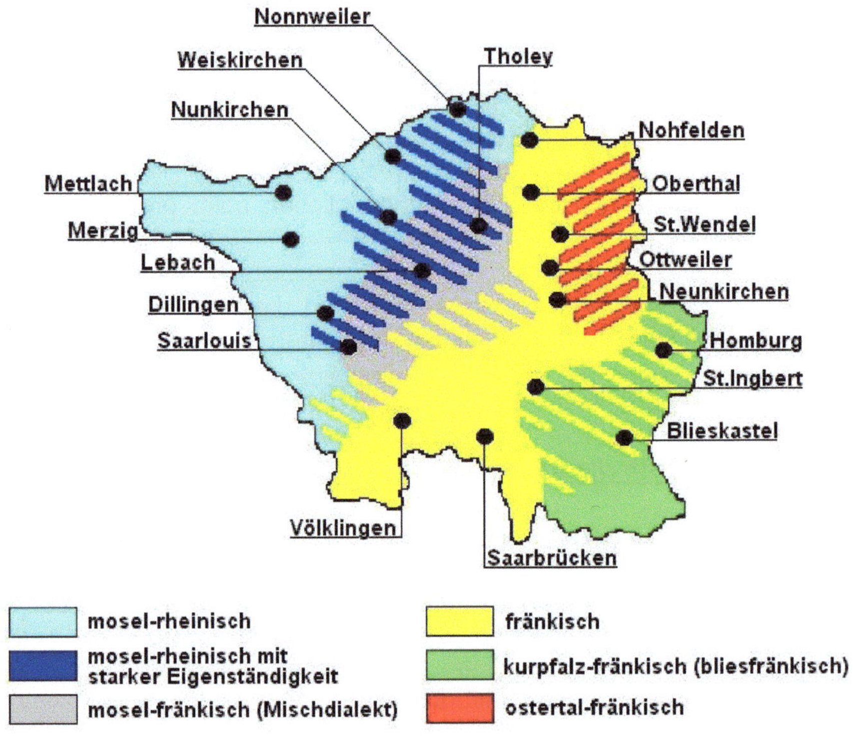

Die Karte zeigt deutlich, dass es ein "typisches Saarländisch" eigentlich nicht geben kann. Meist bezeichnet man den Dialekt, wie er in der Landeshauptstadt Saarbrücken gesprochen wird, als das "wahre Saarländisch". Diese Ansicht kann ich durchaus tolerieren, denn der *Saarbrücker Dialekt* wird in allen Landesteilen verstanden, und in dieser oder jener Ausprägung auch von den meisten Saarländern gesprochen. Allerdings ist das, was dann schon einmal als saarländische Sprache zu lesen ist, etwas zu weit vom Dialekt, vom gesprochenen Wort also, entfernt.

Im mittleren Ostertal hat sich die Urform des Fränkischen sehr gut erhalten, und auch das versteht man so ziemlich überall im Saarland. Ein wesentlicher Unterschied des *Ostertaler Fränkisch* besteht im vermehrten Gebrauch des **o** statt des **u** sowie der sprachlichen Unterscheidung von **ää** und "**ae**" (was im Kapitel *Die Phonetik des Saarländischen* beschrieben wird). Das Ostertaler Fränkisch spricht auch meist statt **ieh** einfach nur das **i**.

Zum Vergleich gebe ich Ihnen in der folgenden Tabelle einige Beispiele, die diese Unterschiede recht deutlich herausstellen:

Deutsch	Saarbrücker Dialekt	Ostertaler Dialekt
beeil dich	d**u**mmel disch	d**o**mmel disch
die Ziege	die G**ää**s	die G**ae**s
du kriegst	de kr**ieh**schd	de kr**i**schd

Im originären Ostertaler Dialekt gibt es noch eine ganze Reihe weiterer Wörter, die der fränkischen Urform entstammen, und die man sonstwo im Saarland kaum mehr findet.

3.   *L e k t i o n e n*

3.1   ***Die unterschiedlichen Regionaldialekte***

Bevor wir uns mit dem eigentlichen Saarländischen beschäftigen, dessen Wurzeln überwiegend im Fränkischen zu finden sind, ist es notwendig, die verschiedenen regionalen Dialekte näher zu beleuchten. Sogar im eigenen Land stoßen wir Saarländer auf gewisse Verständigungsschwierigkeiten, nämlich dann, wenn wir uns in Regionen hineinbewegen, in denen ein mosel-rheinischer Dialekt gesprochen wird, der sich zu einem *Spezialdialekt* entwickelt hat.

Anhand einiger ausgewählter Sätze soll die Unterschiedlichkeit der diversen regionalen saarländischen Dialektformen demonstriert werden. Das Lautsprechersymbol weist übrigens darauf hin, dass die Sätze bzw. Phrasen auf einer Audio-CD sowie online zum Anhören zur Verfügung stehen.

1. In der Region Nonnweiler/Weiskirchen (Nordsaarland) trifft man noch heute einen eher niederrheinischen Dialekt an, der aus der Gegend von Köln stammen könnte. Beispiele:

> deutsch:
> Nicht jeder Kölner läuft von drinnen nach draußen.
>
> mosel-rheinisch:
> Nett jede Köllner läuffd von drinn noh druus.
>
> fränkisch:
> Nedd jeerer Kellner laefd von drenn noo drauss.

2. Ein mosel-rheinischer Spezialdialekt wird in Tholey, Theley, Hasborn, Dautweiler und Überroth gesprochen, der einen vor allem dann vor arge Probleme stellen kann, wenn man sich mit der älteren Bevölkerung unterhält. Beispiele:

> deutsch:
> Ich ging um halb sechs über den Friedhof.
>
> mosel-rheinisch:
> L'o'eisch se o'nm haalf se'ch(s) ewver le Kerrj'oof gäeng.
>
> fränkisch:
> Eisch senn omm halb sechs iwwer de Friedhof gang.

3. Eine weitere (interessante) mosel-rheinische Variante ist in der Gegend um Marpingen, Berschweiler und Urexweiler zu finden. Beispiele:

deutsch:
Schau mal hier! Darf sie das? Das darf sie. Dass sie das darf?!

mosel-rheinisch:
Luh moo loo! Derrf datt datt? Datt derrf datt. Datt datt datt derrf?!

fränkisch:
Guck'emol do! Derrf's das? Das derrfs. Dass ähs das derrf?!

4. Rund um Saarlouis kann man noch einen Hauch des französischen Einflusses im Dialekt mitschwingen hören. Beispiele:

deutsch:
Jetzt ist es aber genug hier!

mosel-rheinisch:
Jetz'n essen's a'wwer genouuch haai!

fränkisch:
Jetzd langds awwer!

5. Im unteren Bliesgau und Mandelbachtal (Südosten des Saarlandes) redet man einen fränkischen Dialekt, der etwas mit dem *kurpfälzischen Dialekt* vermischt ist (ich nenne es **bliesfränkisch**). Beispiele:

deutsch:
Die haben aber etwas anderes gesagt.

bliesfränkisch:
Die honn oawwer wos onneres gesooat.

fränkisch:
Die hann awwer ebbes anneres gesaad.

Die Unterschiedlichkeit der einzelnen saarländischen Dialekte ist Ihnen nun klar. Unter diesem Gesichtspunkt werden Sie nun verstehen, dass es **kein typisches Saarländisch** geben kann. Fühlen Sie sich nun fit für die nächste Lektion?

Die schriftliche Darstellung war bislang für ein tragendes sprachliches Element des Saarländischen unmöglich. Das ist vermutlich auch einer der wichtigsten Gründe dafür, weshalb die meisten der in Saarländisch geschriebenen Texte doch ganz erheblich von der tatsächlichen Aussprache abweichen.

Unter Zuhilfenahme der internationalen Lautschrift konnte das betreffende saarländische Sprachelement **ae** entwickelt werden, dessen phonetische Bedeutung eine Verschmelzung der beiden Laute

$$æ \quad \text{und} \quad \tilde{\epsilon}$$

ist, aber dennoch weder überwiegend in der einen, noch der anderen Originalform gebraucht wird. Das saarländische **ae** hat sich zu einem eigenständigen Laut entwickelt.

Es ist nun erstmals möglich geworden, die saarländische Sprache, wie ich sie hier vorstelle, sogar richtig zu schreiben. Außerdem konnte für diesen speziellen Laut **ae**, der nicht mit **ä** zu verwechseln ist, ein Übungsablauf zum Erlernen des Lautes ausgearbeitet werden. Und dennoch: die nicht aus dem Ostertal stammenden Saarländer können die meisten der betreffenden Wörter problemlos als Wörter mit kurz gesprochenem **ä** lesen und damit ihre individuelle Aussprache wiederfinden.

Bitte prägen Sie sich die Bedeutung der folgenden internationalen Lautschriftzeichen gut ein:

æ	sehr offen aussprechen, dabei mitellang und leicht betont wie etwa Jazz**BAND** und **AND** (engl. "und")
$\tilde{\epsilon}$	nasal-offen aussprechen, dabei mitellang und leicht betont wie etwa **POINTE** (frz. "Spitze")

Beachten Sie jedoch, dass sich aufgrund regionaler Typisierungen aber nicht alle Begriffe, in denen das **ae** vorkommt, einfach transformieren lassen und dabei denselben Wortsinn abbilden bzw. beibehalten. Ein Beispiel ist das ostertaler Wort **Aewed** und das saarbrücker Wort **Aawed**, wobei niemand ihm Saarland für Arbeit *Äwed* sagt.

Die Verschmelzung der beiden lautschrittypischen Zeichen führt zum saarländischen **ae** (vor allem im Ostertal anzutreffen). Beispiele:

deutsch:
Pferd, läuft, Ziege, nein, ich glaube, keiner

fränkisch:
P<u>ae</u>d, l<u>ae</u>fd, G<u>ae</u>s, n<u>ae</u>, isch gl<u>ae</u>b, k<u>ae</u>ner

Der saarländische Laut **ae** kann nun von Ihnen gelesen und gesprochen werden; bitte hören Sie sich den Laut noch einmal genau an und sprechen Sie ihn dann nach:

<u>ae</u>   sehr offen aussprechen, dabei lang und betont

Die phonetische Besonderheit <u>ae</u> wird geschrieben, indem die Buchstaben **a** und **e** zusammengeschrieben und unterstrichen werden. So können die meisten der im Saarland gebräuchlichen Wörter auch im jeweiligen Regionaldialekt entweder als fränkisches <u>ae</u> oder als **ä** gelesen werden (vergl. G<u>ae</u>s und Gääs). Besonders wichtig ist jedoch auch die Darstellung der s-Laute. In der sprachlichen Konvention zur Schreibung des Saarländischen bleibt **st** in der Regel am Wortanfang so stehen, nicht jedoch in der Wortmitte oder am Wortende, denn dort wird die Schreibweise der Aussprache (**schd**) angeglichen. Steht **st** am Wortanfang, so wird es dennoch meist **schd** ausgesprochen.

Ein **tz** wird immer wie ein solches ausgesprochen und bleibt daher auch in der saarländischen Schreibung so stehen. Das **zt** spricht der Saarländer eher wie ein **zd** aus, weshalb die Schreibung in diesen Fällen auch **zd** ist.

Im Saarländischen existiert eigentlich kein **t**, es sei denn, das betreffende Wort (meist sind es Verben) beginnt mit einem **t** oder wird betont ausgesprochen. In der Wortmitte und am Wortende spricht der Saarländer stattdessen das **d**, was dann auch in der schriftlichen Darstellung so wiedergegeben wird.

Der Buchstabe **k** und die Verbindung **ck** werden beim Sprechen in den meisten Fällen durch ein oder zwei **g** ersetzt, und auch hier sieht die Konvention zur Schreibung des Saarländischen dann das **g** vor. Allerdings gibt es auch hier eine ganze Reihe von Ausnahmen (z. B. Krodd mit **k**, aber Grommbeere mit **g**). Das **k** bleibt also überall dort stehen, wo es betont ausgesprochen wird.

Ähnlich verhält es sich mit der Aussprache des **b** und des **p**. In der Regel nimmt der Saarländer das **b**, fällt die Betonung jedoch stimmhaft auf das **p**, wird auch ein **p** geschrieben (z. B. Hääp mit **p**, aber Kabbes mit zwei **b**).

Die folgende Übersicht soll die wichtigsten Vorschriften, die wir als Konventionen zur schriftlichen Darstellung des Saarländischen brauchen, verdeutlichen:

st am Wortanfang	bleibt stehen	**St**roos	*Straße*
st in der Wortmitte	wird zu **schd**	La**schd**er	*Laster, Lastwagen*
st am Wortende	wird zu **schd**	sonn**schd**	*sonst*
t am Wortanfang	bleibt stehen	**t**onnge	*tunken*
t in der Wortmitte	wird zu **d**	Ab**d**ridd	*Abtritt, Toilette*
t am Wortende	wird zu **d**	dor**d**	*dort*

| **tz** | bleibt stehen | Me**tz**jerei | *Metzgerei* |
| **zt** | wird zu **zd** | jet**zd** - (tz/zd) | *jetzt* |

In der Schreibweise erscheint nicht selten eine Verdoppelung gewisser Buchstaben, auch am Wortanfang, wodurch die Aussprachegeschwindigkeit verdeutlicht werden soll. Diese Konvention verwenden wir zur besseren Leserlichkeit der saarländischen Sprache auch beim Schreiben. Beispiele:

| **iwwer** *(über)* | ohne Verdoppelung: iwer - **falsche Aussprache** |
| **aach** *(auch)* | ohne Verdoppelung: ach - **falsche Aussprache** |

Nun sollten Sie eigentlich die phonetischen Besonderheiten des Saarländischen kennen und soweit beherrschen, dass Sie einfache Texte lesen können. Bedenken Sie bitte, dass Sie das Saarländische ja selbst nicht zu schreiben brauchen; es genügt völlig, wenn Sie es lesen und sprechen können. Fühlen Sie sich jetzt fit genug für die nächste Lektion, den ersten Dialog dieses Kurses?

  Ei wie komm'isch dann dord hinn?

Auswärrdischer: Hä, du doh. Wie fenn eisch dann die Werrdschaffd "Zum Schmidd"?

Ennheimischer: Ei bass'emol off: do feehrsch'de die Stroohs hennere, bis de aan de Bahndamm kemmschd. Dann biehsch'de die eehrschd Stroohs noh links enn onn feehrschd aan de Metzjerei anne. Onn schrääsch gejeiwwer es dann die Werrdschaffd "Zum Schmidd".

Auswärrdischer: Gelle, dord kamm'er joh gudd se Meddaach esse?

Ennheimischer: Joh, das kannsch'de glaewe. Dord krisch'de all feine Sache aus onnserer Gehschend.

Auswärrdischer: Oh joh. Das heerd sisch joh gudd aan.

Ennheimischer: Also noch'emo: de kannschd die Werrdschaffd goar nedd fefäähle. Es es es färrerschd Haus off de rääschd Seid.

Übersetzung - *Wie komme ich denn dort hin?*

Auswärtiger: *Hallo, Sie da. Wie finde ich denn das Gasthaus "Zum Schmied"?*

Einheimischer: *Passen Sie bitte auf: da fahren Sie die Straße durch, bis Sie an den Bahnübergang kommen. Dann biegen Sie in die erste Straße links ein und fahren an der Metzgerei vorbei. Schräg gegenüber ist dann das Gastahaus "Zum Schmied".*

Auswärtiger: *Stimmt es, dass man dort gut zu Mittag essen kann?*

Einheimischer: *Ja, das können Sie glauben. Dort bekommen Sie alle Spezialitäten unserer Region.*

Auswärtiger: *Ach ja? Das hört sich ja gut an.*

Einheimischer: *Also nochmals: Sie können das Gasthaus gar nicht verfehlen. Es ist das vorderste Haus auf der rechten Seite.*

Die Übersetzung ist etwas übertrieben, denn eigentlich reden sich der Auswärtige und der Einheimische mit **DU** an. Das **DU** ist unter Saarländern üblich, denn hier kennt ja jeder jeden ... In Restaurants ist es jedoch auch im Saarland zunächst üblich, dass noch nicht bekannte Gäste erst einmal mit "Sie" angesprochen werden.

     Enn de Werrdschaffd

Werrd:	Gunn Dach. Wisse se schonn, was se hann wolle?
Gaschd:	E, e. Eisch iwwerleeje noch. Hann'er noch Schaales?
Werrd:	N<u>ae</u>, de Schaales ess schon all.
Gaschd:	Onn wie senn die Grommbeerewaffele heid?
Werrd:	Wie werre die senn? Gudd nadeerlisch, wie emmer!
Gaschd:	Ei, was gäbd's en doh debei? E Dick Sopp?
Werrd:	Joh. Endwerrer e Schnibbelschesbohnesopp orrer awwer Bohne onn Gääleriewe dorjnonner medd'eme Lewwerwerdsche debei.
Gaschd:	Onn Werrsching hann'er k<u>ae</u>ner meh?
Werrd:	N<u>ae</u>.
Gaschd:	Ei dann brennge se mer doch liewer e Pennje Kerschdscher onn e Dellersche Bettsa<u>e</u>schersalad.
Werrd:	Kannsche meer mol ferzeele, wo mer emm Herbschd Bettsa<u>e</u>scher häärkriehn solle? Deehne geehd mer emm Friehjohr stäsche.
Gaschd:	Ei, was hann'er dann sonnschd noch?
Werrd:	Meer hann gäschder e Wutz geschlachd. Wie wärs'n medd'eme Deller Worschdsopp fer de Aanfang?
Gaschd:	N<u>ae</u>, isch gl<u>ae</u>b, das maan eisch heid nedd.
Werrd:	Dann kann'isch derr aa'nedd helfe.
Gaschd:	Ei dann breng mer ääwe e Weck onn e hallwer Rengel Lyoner.
Werrd:	He?
Gaschd:	Eisch dääd gääre Lyoner esse.
Werrd:	Dohdefoor musch'de eniwwer enn die Metzjerei gehn. Onn wenn'de schonn graad eniwwer gehschd, kann'sche meer aach e hallwer Regel Lyoner meddbrenge. Eisch zabbe dann schonn emol zw<u>ae</u> Bier aan.
Gaschd:	Ei, das es e Word. Isch dommele misch aach.

Haben Sie die situative Besonderheit erkannt? Im Laufe des Dialoges gehen der saarländische Wirt und sein Gast auf der Beziehungsebene vom "Sie" zu "Du" über.

Übersetzung – *Im Restaurant*

Wirt:	*Guten Tag. Wissen Sie schon, was Sie haben möchten?*
Gast:	*Nein. Ich überlege noch, was ich essen möchte. Habt ihr noch "Schaales"?*
Wirt:	*Nein, der "Schaales" ist schon alle.*
Gast:	*Und wie schmecken die Kartoffelwaffeln heute?*
Wirt:	*Wie werden die wohl schmecken? Gut natürlich, wie immer!*
Gast:	*Und was gibt es dazu? Einen Eintopf?*
Wirt:	*Ja. Sie können wählen zwischen einer "Schnibbelsches"-Bohnensuppe oder einem Bohnen-Karottengemüse mit einem Leberwürstchen dazu.*
Gast:	*Und Wirsing haben Sie keinen?*
Wirt:	*Nein.*
Gast:	*Dann bringen Sie mir doch lieber ein Pfännchen Bratkartoffeln und ein Tellerchen Löwenzahnsalat.*
Wirt:	*Kannst du mir einmal erzählen, wo man im Herbst Löwenzahn hernehmen soll? Den erntet man im Frühjahr!*
Gast:	*Und was habt ihr sonst noch (anzubieten)?*
Wirt:	*Wir haben gestern ein Schwein geschlachtet. Wie wär's mit einem Teller Wurstsuppe als Vorspeise?*
Gast:	*Nein, ich glaube das mag ich heute nicht.*
Wirt:	*Dann kann ich Dir auch nicht mehr weiterhelfen.*
Gast:	*Bring mir halt ein Brötchen und einen halben Ring Lyoner.*
Wirt:	*Wie bitte?*
Gast:	*Ich möchte gerne Lyoner essen.*
Wirt:	*Dafür musst Du schon hinüber in die Metzgerei gehen. Und wenn Du schon gerade hinübergehst, kannst Du mir auch einen halben Ring Lyoner mitbringen. Ich zapfe dann schon einmal zwei Bier an.*
Gast:	*Das ist ein Wort! Ich beeile mich auch.*

Es gibt folgende spachlichen Besonderheiten zu beachten:

... **musch'de** ... - muschd du, muschd dau
... **aa'nedd** ... - aach nedd
... **wo'mer** ... - wo meer
... **kannsche'mer** ... - kannsche meer, kannschd de meer

     De Hemmwääsch

Jetzd ess de Gaschd schon wedder off'm Hemmwääsch. Es hadd'm gudd gefall onn er dengd nochemool driwwer noh, dass'er dasdoh joh eischendlisch aach dehemm hädd hann kenne, wenn'er gewolld hädd. Ferr e hallwer Regel Lyoner onn e Bier hädd'er jo eischendlisch goar nedd soweid se foahre brauche. Awwer scheen woars doch, weil se noh'm Esse noch gekoard hann - onn do hodd'er jo dann gewonn ...

Onn dann basseerds: "Ei Himmelsaggzemendonnzugenähd! Jetzd hann isch ah'noch e Pladder kriehd. Was mach'isch'n jetzd? Isch hann doch k<u>ae</u> Ersatz-<u>rae</u>f debei. Wie sidd'n das aus, wenn isch desenntweje de Pannedienschd aanrufe! So e Schamass awwer aach! Was mach'isch'n jetzd?"

Doh hadd onser Gaschd awwer graad noch'emo Gligg gehaad, weil enn deem Aauebligg der anner Gaschd aus de Werrdschafft - er wuschd nur nedd, wo'er ne hienduun soll - aanhälld ferr se frohe, ob'er ne meddnemme soll.

Dann fallds'em wedder enn: "Ei naddeerlisch! Das es doch emm Luwwies seiner. Meins onn deemseins geehn joh emmer beinanner. So'e Zufall."

Übersetzung - *Auf dem Nachhauseweg*

Inzwischen befindet sich der Gast schon wieder auf dem Nachhauseweg. Es gefiel ihm gut, und er lässt die Zeit im Restaurant noch einmal Revue passieren: im Grunde genommen hätte der das alles auch ebenso zu Hase haben können. Für einen halben Ring Lyoner und ein Bier hätte er eigentlich nicht so weit zu fahren brauchen. Schön war es trotzdem, denn sie haben nach dem Essen noch Karten gespielt - und da hat er ja gewonnen ...

Dann passiert das Unerwartete: "Verflixt! Jetzt habe ich auch noch eine Reifenpanne! Und was mache ich jetzt? Ich habe doch keinen Ersatzreifen dabei. Ich würde mich ja bis auf die Knochen blamieren, wenn ich deswegen den Pannendienst anrufen muss. So eine Kacke aber auch. Wen könnte ich denn da anrufen?

Aber da hat unser Gast gerade noch einmal Glück gehabt, denn just in diesem Augenblick hält ein anderer Gast aus dem Restaurant an (der ihm im Restaurant schon irgendwie bekannt vorkam) um ihn mitzunehmen.

Dann fällt es im schlagartig ein: "Natürlich kenne ich ihn! Das ist doch Luises Mann. Seine und meine Frau sind doch befreundet. So ein Zufall aber auch."

Hausherr:	Komm, Schaack, kemm'sch noch off e Schbrong medd'ennenn.
Em Luwwies seiner:	Ei joh, bevoor isch misch schlaan lonn.
Hausherr:	Will'sche ebbes se trenge?
Em Luwwies seiner:	Ei joh.

Doh heeld de Hausherr die Flasch, off der "Ebbes" stehd.

Em Luwwies seiner:	Ei das es jo Schabbes. Hasch'e nedd ebbes anneres?
Hausherr:	Ei joh.

Onn jetzd holl'der die Flasch, off der "Ebbes anneres" stehd.

Em Luwwies seiner:	Ei, das es jo ah' Schabbes. Hasch'e nedd sonnschd ebbes?
Hausherr:	Ei joh.

Jetzt duud'er die Flasch hoole, off der "Sonnschd ebbes" droffstehd.

Em Luwwies seiner:	Sah'mol. Do es jo ah' Schnabbes drenn. Hasch'e dann nix anneres?
Hausherr:	Naddeerlisch!

Jetzd kemmd die Flasch medd de Offschriffd "Nix anneres" aan die Reih. Do es awwer dann ah nix anneres drenn ...

Em Luwwies seiner:	Ei, das es jo schon werrer Schnabbes. Dann maan ich liewer gaar nix.
Hausherr:	Das hann isch aach!

Die Flasch medd de Offschriffd "Gaar nix" es joh ah graad greffbereid! Hädd'em Luwwies seiner das gewuschd! Jetzd gridd'er genau deene Schnabbes, der als eehrschdes eweg muss. Hädd'er vojer schon joh gesaad, hädd'er ah ebbes aanschdennisches gridd.

Übersetzung - *Zu Hause*

Hausherr:	Komm doch noch auf einen Sprung mit hinein, Jacques.
Luises Mann:	Ich bin zwar etwas in Eile, aber bevor ich mich lange bitten lasse.
Hausherr:	Möchtest Du etwas trinken?
Luises Mann:	Ja, gerne.

Da nimmt der Hausherr die Flasche, auf welcher "Etwas" steht.

| Luises Mann: | Das ist ja Schnaps! Hast Du nicht etwas anderes? |
| Hausherr: | Ja doch. |

Und nun nimmt er die Flasche, auf der "Etwas anderes" steht.

| Luises Mann: | Das ist ja auch Schnaps. Hast Du denn nicht sonst etwas? |
| Hausherr: | Sicher doch. |

Jetzt nimmt der die Flasche, auf der "Sonst etwas" draufsteht.

| Luises Mann: | Sag mal, willst Du mich veräppeln? Das ist ja schon wieder Schnaps. Hast du denn nichts anderes im Haus? |
| Hausherr: | Aber natürlich! |

Nun kommt die Flasche mit der Aufschrift "Nichts anderes" an die Reihe. Da ist aber dann auch nichts anderes drin ...

| Luises Mann: | Das ist ja auch wieder Schnaps. Dann trinke ich lieber überhaupt nichts. |
| Hausherr: | Das kann ich Dir auch anbieten! |

Die Flasche mit der Aufschrift "Überhaupt nichts" ist ja auch gerade griffbereit. Hätte Luises Mann das gewusst! Jetzt bekommt er nämlich genau den Schnaps, der zuerst weg muss. Hätte er vorher schon einmal "ja" gesagt, dann hätte er auch einen guten Schnaps bekommen.

Noch vor foffzisch Johr hann feh' Leid doh bei onns aus de Gehschend off de Gruub orrer off de Hitt geschaffd. Das woar e hordie Aewed onn die meischde von deene hann näwehär noch Gaese, Wutze onn Hingel gehall. E poar von'ne hann awwer aach noch Paed onn Kieh gehaad.

Doh hann die Leid de ganze Daach off de Gruub orrer off de Hitt geschaffd, ebbes anneres hodds joh nedd genn, onn wenn se dann haem komm senn von de Aewed, doh hann se seehrschd mirre enaus offs Feld zaggere orrer ehe, orrer se muschde Haei mache gehn, ehb'se mol ebbes se esse gridd hann. Onn dägger wie aemol hann se nur e Schmeer gess, wo se de Pluchskarre gefoahr hann. Wenischens hann se eehr Grommbeere, eehr Aejer onn eehr Flaesch gehaad.

So ess dass awwer nedd allaen bei uns geweehn!

Ganz friehjer hodde joh die meische Leid von dehaem aus e Landwerrd- schaffd. Onn die Heiser woare aenfach gebaud, ääwe wie rischdische Baue- reheiser. Meischdens hadd joh die ganz Gesippschaffd unner aenem Dach gelääbd. Off'em Schbeischer hann se dann eehr Geremmbel leie gehaad onn die Fruchd hodd meischdens unnerm Schbeischer enne'me Zemmer gelääh. Onn nääwedraan woare dann noch Stowwe geween. Gleisch vom Hausgang aus konn'sche die Stääh owwere gehn. Das woar schonn rääschd gudd ge- machd.

Enn de Kisch hodd mer a Koohleoowe stehn, e Disch onn Stiehl onn e Ki- scheschank. Onn alles hadd mer misse von Hand mache. Dord enn de Kisch hadd mer awwer die meehschd Zeid nur es Meddaachesse gekochd. Ferr ennsekoche orrer ferr Schmeer se mache, dohdefoohr es mer enn die Wäsch- kisch gang. Enn de Kwedschezeid hadd mer dann dord die Ladschschmeer gekochd. Doh hodds dann iwwerall emm Haus gudd geroch.

Aach wemm'er vor foffzisch Johr schon Wasser enn die Kisch hodd, hadd mer ferr off de Abdridd enaus gehn misse. Das woar aach ganz gudd so. Hädd mer beim Ausschebbe medd'em Puddel dorsch die Guud Stobb gehn solle?

Heid es das joh alles ganz annerschder. Awwer das wisse ner joh selbschd.

Übersetzung - _Wie es früher gewesen ist_

Noch vor fünfzig Jahren arbeiteten viele Leute aus unserer Region im Bergbau oder auf der Eisenhütte. Das war eine harte Arbeit und doch hielten die meisten von ihnen nebenbai auch noch Ziegen, Schweine und Hühner. Einige von ihnen hatten aber auch noch Pferde und Kühe.

Da arbeiteten die Menschen nun schon im Bergwerk oder auf der Hütte, etwas anderes gab es ja nicht, und wenn sie dann von der Arbeit nach Hause kamen, mussten sie zuerst hinaus aufs Feld pflügen oder eggen oder sie mussten Heu machen gehen, bevor sie mal etwas zu essen bekamen. Und öfter als einmal haben sie nur ein belegtes Brot gegessen, während sie den Pflug fuhren. Wenigstens hatten sie ihre Kartoffeln, ihre Eier und ihr Fleisch.

Das war aber nicht alleine im Saarland so!

Um die Jahrhundertwende (des letzten Jahrhunderts) waren die meisten Leute von Haus aus Landwirte. Ihre Häuser waren einfach gebaut, halt richtige Bauernhäuser. Meistens lebte auch die ganze Verwandtschaft unter einem Dach. Auf dem Dachboden stellten sie ihr "Gerümpel" ab und das Getreide lag meist untrhalb des Dachbodens. Neben der Getreidekammer waren noch weitere Zimmer gewesen. Gleich vom Hausflur aus konnte man die Treppe nach oben gehen. Das war recht praktisch so.

In der Küche stand gewöhnlich ein Kohleofen, ein Tisch mit Stühlen und ein Küchenschrank. Und alles musste man von Hand machen. In der Küche wurde aber meistens nur das Mittagessen gekocht. Zum Einkochen oder zum Marmelademachen ging man hinunter in die Waschküche. In der Zwetschgenzeit kochte man dort auch das Pflaumenmus. Dann roch es im ganzen Haus sehr aromatisch.

Obwohl man vor fünfzig Jahren schon fließendes Wasser in der Küche hatte, musste man zur Toilette das Haus hinaus gehen. Hätte man vielleicht beim Entleeren der Grube mit den Fäkalien durchs Wohnzimmer gehen sollen?

Heute ist das alles ja ganz anders. Aber das wisst ihr ja selbst.

    Saarländische Redewendungen und Phrasen

An dieser Stelle präsentiere ich Ihnen nur wenige saarländische Redewendungen und Phrasen. Schließlich haben Sie bis hierher Ihre Saarländisch-Kenntnisse soweit aufgebaut, dass es nun an der Zeit ist, Ihre Fertigkeiten in der Realität unter Beweis zu stellen und einfach einmal das Saarland zu besuchen! Vergessen Sie nicht, dass das Saarland eines der schönsten Länder im Herzen Europas ist, und dass wir Saarländer für unsere Gastfreundschaft und die kulinarischen Spezialitäten weit über die Landesgrenzen hinaus bekannt sind.

Saarländisch	Übersetzung
Onn?	Guten Tag, wie geht es Ihnen, Ihrer Frau und Ihren Kindern?
Onn sellbschd?	Danke der Nachfrage, gut - und wie geht es Ihnen, Ihrer Frau und Ihren Kindern?
Och, dasdoh woar emol ebbes anneres.	Es ging so.
Das woar e bissje besser wie nedd so gudd.	Das war schlecht.
Diedoh kennd emm Steehn bronnse.	Diese Frau ist sehr emanzipiert.
De Mensch lääbd nedd vom Brod allaen, er trenngd aach Bier onn Schnabbes, onn wenn'er dann gesullwerd ess, machd är ah noch de Flabbes.	Nach dem Saufen hat er randaliert.
Ei wenn'er's gewissd hädd, do hädder eisch doch ausgehollf.	Gut, dass Ihr ihn nicht gefragt habt.
Das woar jetzd awwer nedd so gemennd.	Sei bitte nicht beleidigt.
Gebbds do ebbes, wo sisch aansegugge lohnd?	Gibt es hier Sehenswürdigkeiten zu betrachten?
Isch woars nedd!	Ich bin unschuldig!
Do hinne es de Hooge, falls'ner eisch offhänge wolle.	Die Garderobe ist dahinten.
De liewe Godd lengd, de Saalänner schwengd.	Gott lenkt, der Saarländer schwenkt.

4.   *G r a m m a t i k*

4.1   *Der Artikel im Saarländischen*

Sexus	bestimmt	unbestimmt
Maskulinum	**de** *(der)*	**e** *(ein)*
Femininum	**die** oder **es** *(die)*	**e** *(eine)*
Neutrum	**es** *(das)*	**e** *(ein)*

Der bestimmte Artikel - Beispiele:

De Oowe es gescheerd.	*Der Ofen (das Feuer) ist geschürt.*
Die Grommbeer es geschääld.	*Die Kartoffel ist geschält.*
Es Geschäffd es noch off.	*Das Geschäft hat noch geöffnet.*

Der unbestimmte Artikel - Beispiele:

E Dachzischel es loos.	*Ein Dachziegel ist lose.*
E Fraa kemmd ääwe graad erenn.	*Eine Frau kommt gerade eben herein.*
E Audo feehrd off de Stroohs.	*Ein Auto fährt auf der Straße.*

Wenn der Name nicht als direkte Anrede gebraucht wird, steht vor dem Namen prinzipiell der bestimmte Artikel (als Hinweis auf eine bestimmte Person).

Beispiele:

De Jääp kemmd ehrschd morje aan.	*Jakob kommt erst morgen an.*
Es Maria es heid ah'ned'do.	*Maria ist heute auch nicht da.*

Weibliche Vornamen werden im Saarländischen sehr häufig in der *Verniedlichungsform* gesprochen. Aus dem femininen (bestimmten) Artikel **die** bzw. **es** wird dann **s'** (im gesprochenen Dialekt).

Beispiele:

Maria	es Mariesche	**s'** Mariesche
Frida	es Friedsche	**s'** Friedsche
Emma	es Emmsche	**s'** Emmsche

Die Pluralbildung ist im Saarländischen denkbar einfach. An das im Singular stehende Substantiv wird bei regelmäßiger Pluralbildung ein **e** angehängt, und zwar unabhängig von Genus des Substantives.

Deutsch (Sing., Pl.)	Singular	Plural
die Straße, die Straßen	die Stroohs	die Stroohs**e**
der Löffel, die Löffel	de Leffel	die Leffel**e**
das Regal, die Regale	es Scheffd	die Scheffd**e**

Allerdings kennt das Saarländische auch eine ganze Reihe Substantive mit unregelmäßiger Pluralbildung.

Beispiele:

das Haus, die Häuser	es Haus, die Heiser
das Auto, die Autos	es Audo, die Audos
der Ofen, die Öfen	de Oowe, die Ehwe

Zur Bildung der *Verniedlichungsform* geht man im Saarländischen von der Pluralform des Substantives aus; die Pluralendung wird abgestrichen und an den Wortstamm wird in der Regel **je** angehängt.

Beispiele:

Tisch (Tischchen)	Disch, die Dische	s'Disch**je**
Löffel (Löffelchen)	Leffel, die Leffele	s'Leffel**je**
Teller (Tellerchen)	Deller, die Dellere	s'Deller**je**

Aber auch bei der Bildung der *Verniedlichungsform* gibt es im Saarländischen eine ganze Reihe Ausnahmen.

Beispiele:

Mauer (Mäuerchen)	Mauer, die Mauere	s'Meiersche
Haus (Häuschen)	Haus, die Heiser	s'Heisje
Vase (Väschen)	Vaas, die Vaase	s'Vaesje

4.3 *Die Pronomina im Saarländischen*

Die Personalpronomen: **Die Possesivpronomen:**

ich	eisch		mein	mei(n)
du	dau		dein	dei(n)
er	är		ihm	eehm (dem sei)
sie	ähs		ihr	eehr (der eehr)
es	es, ähs		sein	dem sei
wir	meer		user	onnser
ihr	eehr		euer	eier
sie	se		ihnen	deene (deene eehr)

Eines der wichtigsten altsaarländischen <u>Demonstrativpronomen</u> ist **sell**, das wie *jener, jene* und *jenes* gebraucht wird.

Beispiele:

Jenes Buch habe ich noch nicht gelesen.	Es sell Buuch dooh hann eisch noh' nedd gelääsd.
Der Ofen hier ist aus, und jener dort auch.	De Oowe do es aus, onn de sell dord aach.

4.4 *Die Hilfsverben hann und senn*

Die Konjugation der Hilfsverben **hann** (*haben*) und **senn** (*sein*) ist im Saarländischen von besonderer Bedeutung, werden doch diese beiden Verben geradezu universell eingesetzt. Die Konjugation im Präsens ist noch recht einfach, denn bis auf die zweite und dritte Person verwendet man jeweils den Infinitiv des Verbes.

Beispiele:

eisch hann, är/ähs hadd, meer hann	ich habe, er/sie hat, wir haben
eisch senn, är/ähs es, meer senn	ich bin, er/sie ist, wir sind

Zur Bildung der Frageform wird auch im Saarländischen (wie in vielen Sprachen dieser Welt) meist einfach die Inversion der konjugierten Hilfsverben gebraucht.

Beispiele:

Haschd dau frei heid? Hasch'de ...	*Hast du frei heute?*
Had(d) är das gesiehn? Hadd'er das ...	*Hat er das gesehen?*

Der nicht fett gedruckte Teil des obigen Beispiels bezieht sich auf die gesprochene Sprache, wie sie beim schnellen (normalen) Sprechen meist verwendet wird.

Bei der Verneinung steht das Verneinungswort **nedd** (*nicht*) immer unmittelbar hinter dem Hilfsverb; ohne grammatikalisch falsch zu sein, kann es jedoch auch vor dem Adjektiv stehen.

Beispiele:

Eisch hann nedd frei heid.	*Ich habe nicht frei heute.*
Eisch hann heid nedd frei.	*Ich habe heute nicht frei.*

Bei der Verneinung eines Satzes mit Vollverb, vor allem, wenn das Vollverb im Partizip Perfekt steht, muss das Verneinungswort unmittelbar vor dem Vollverb stehen.

Beispiele:

Se hann das nedd gesiehn.	*Sie haben das nicht gesehen.*
Eisch senn dord nedd annegang.	*Ich bin dort nicht vorbeigegangen.*

4.5   *Das saarländische Spezialverb duun*

Das Spezialverb **duun** (*tun, machen*) wird im Saarländischen sehr oft auch in Verbindung mit Vollverben benutzt. Die Verneinung wie die Frageform bezieht sich dann ausschließlich auf das Spezialverb.

Beispiele:

Eisch duun heid noch laafe gehn.	*Ich werde heute noch zum Joggen gehen.*
Dusch'de kaafe gehn?	*Gehst du kaufen?*
Se duun nedd koche heid.	*Sie kochen heute nicht.*

   Die Tempora der Hilfsverben

hann (haben) - Präsens:

ich habe	eisch hann
du hast	dau haschd
er hat	är hadd
sie hat	ähs hadd
es hat	es, ähs hadd
wir haben	meer hann
ihr habt	eehr hann
sie haben	se hann

hann (haben) - Imperfekt:

ich hatte	eisch hodd
du hattest	dau hoschd, hodschd
er hatte	är hodd
sie hatte	ähs, es hodd
es hatte	es, ähs hodd
wir hatten	meer hodde, horre
ihr hattet	eehr hodde, horre
sie hatten	se hodde, horre

hann (haben) - Futur I:

ich werde haben	eisch werre hann
du wirst haben	dau werrschd hann
er wird haben	är werrd hann
sie werden haben	ähs, se werrd hann
es wird haben	es, ähs werrd hann
wir werden	meer werre

senn (sein) - Präsens:

ich bin	eisch senn
du bist	dau bischd
er ist	är es
sie ist	ähs, se es
es	ähs, es es
wir sind	meer senn
ihr seid	eehr senn
sie sind	se senn

senn (sein) - Imperfekt:

ich war	eisch woar.
du warst	dau woarschd
er war	är woar
sie war	ähs, se woar
es war	es, ähs woar
wir waren	meer woare
ihr wart	eehr woare
sie waren	se woare

senn (sein) - Futur I:

ich werde	eisch werre
du wirst	dau werrschd
er wird	är werrd
sie wird	ähs, se werrd
es wird	es, ähs werrd
wir werden	meer werre
ihr werdet	eehr werre
sie werden	se werre

haben	hann
ihr werdet haben	eehr werre hann
sie werden haben	se werre hann

Das Plusquamperfekt wird durch die Konjugation der Hilfsverben im Imperfekt durch Nachstellen des Partizip Perfekt des entsprechenden Verbes gebildet.

Beispiele:

Dau hoschd gehaad.	*Du hattest gehabt.*
Meer woare geween.	*Wir waren gewesen.*
Se woare gelaafd.	*Sie waren gelaufen.*

Diese Form des Ausdrucks der Vorvergangenheit (Plusquamperfekt) ist die korrektere. Allerdings ist der Saarländer in der Lage, die Vorvergangenheit auch mit der im Präsens konjugierten Form der Hilfsverben zu bilden und gleichrangig zu verwenden. Eigentlich wäre diese Form das Perfekt (Vorgegenwart), aber Vorgegenwart und Vorvergangenheit berühren sich ja irgendwo, und das hat der Saarländer erkannt.

Beispiele:

Dau haschd gehaad.	*Du hast gehabt. - Du hattest gehabt.*
Meer senn geween.	*Wir sind gewesen. - Wir waren gewesen.*

Das Futur II wird gebildet, indem an die im Futur I gebildete Form von **senn** das Partizip des Verbes und danach der Infinitiv des jeweiligen Hilfsverbes angehängt wird.

Beispiele:

Dau werrschd gehaad hann.	*Du wirst gehabt haben.*
Eehr werre geween senn.	*Ihr werdet gewesen sein.*
Ähs werrd kaafd hann.	*Sie wird gekauft haben.*
Se werre gelaafd senn.	*Sie werden gelaufen sein.*

Ähnfacher gehds jo wärrglisch nimmi!

4.7 *Die Genitiv-Form im Saarländischen*

Zum Abschluß der Grammatik-Übersicht (beachten Sie bitte, dass es noch den Punkt 4.8 *Adverbiale Bestimmungen im Saarländischen* gibt) des ersten Kurses soll nur noch an zwei Beispielen die Verwendung der Genitiv-Form im Saarländischen verdeutlicht werden:

Ess das emm Jääp sei Juppe?	*Ist das Jakob's Jacke?*
Dasdoh es emm Haarisch sei bäschd' Buch.	*Das ist Harigs bestes Buch.*

Eine ausführliche Darstellung der Genitiv-Form im Saarländischen finden Sie in Band 2 - im Zusammenhang mit der Interpretation wichtiger saarländischer Redewenden und saarländischer Mundarttexte.

4.8 *Adverbiale Bestimmungen im Saarländischen*

Für den Saarländer ist es von besonderer Wichtigkeit, den eigenen Standort für sich selbst sowie für jedermann klar und eindeutig zu definieren. Deshalb ist die adverbiale Bestimmung des Ortes im Saarländischen gleich durch den typischen Gebrauch mehrerer Adverbien unverwechselbar.

Beispiele:

oowe, owwe (oben)	**j**oowe, **j**owwe
unne (unten)	**j**unne
Bisch'de schonn **dr**iwwe? (drüben)	Joh, isch senn schonn **j**iwwe.

Die **j**-Form verdeutlicht damit den eigenen Standort, die Position. Der Saarländer nutzt aber auch <u>direktive Adverbien</u>, mit denen eine standortbezogene Richtung klar definiert wird. Dabei verdeutlicht die **n**-Form eine Richtung, die vom Sprecher wegführt, die **r**-Form eine Richtung, die zum Sprecher hinführt (oder mitgenommen wird).

Beispiele:

nach unten	**n**unner
nach drüben	**n**iwwer
Ich gehe nach oben.	Isch gehn **r**off.
Komm herüber!	Komm **r**iwwer!

5.   *Übungen*

Mit den folgenden Übungen bzw. Aufgaben können Sie sich auf Ihr Saarländisch-Diplom, welches Sie in einer Online-Prüfung auf der Internetseite http://www.Ostertal-Akademie.de/ erwerben können, schon einmal vorbereiten. Keine Angst! Nichts wird so heiß gegessen wie es gekocht wird!

Die folgenden 15 Übungsaufgaben sollten Sie nun lösen können:

Teil 1: <u>Lückentext</u> (ergänzen Sie die fehlenden Wörter)

a. Isch gehen jetzd emol ___________ (hinüber) enns annere Zemmer.
b. Wenn'de ferrdisch bischd, kann'sche joh ah ___________ (herüber) komme.
c. Menn'sche, dass onnser Schwenger ___________ (ausreichen)?
d. Das hadd awwer ___________ (fad) geschmaggd.

Teil 2: <u>Übersetzung Deutsch - Saarländisch</u>

a. Ein Auto fährt auf der Straße.
b. Maria ist heute auch nicht da.
c. Jenes Buch habe ich nicht gelesen.
d. Beeil Dich!

Teil 3: <u>Übersetzung Saarländisch - Deutsch</u>

a. Wie fenn'isch'n die Werrdschaffd "Zum Schmidd"?
b. Graad ääwe senn'merr noch gudd aanenanner langs komm.
c. Sei nedd so iwwerzwersch!
d. Heid hann'isch mol wedder die Flemm.

Teil 4: <u>Verständnisfragen</u> (kreuzen Sie eine Antwort an)

a. De Ebbelbooremer Braddeler es I O de Müller-Pidd I O de Osgar
b. Gfillde senn I O gefüllte Kartoffelklöße I O ein saarländisches Gebäck
c. Atzwennzkranzkerrze senn I O 4 Fläschjer Maggi I O 4 Fläschjer Ur-Pils

<u>Lösungen:</u> **Teil 1** (a. niwwer, b. riwwer, c. lange, d. d<u>a</u>ederlisch); **Teil 2** (a. E Audo feehrd off de Stroohs, b. S'Mariesche ess heid ah'ned doh, c. E sell Buch dord hann eisch nedd gelääsd, d. Dommel disch bwz. Mach d<u>a</u>ebber); **Teil 3** (a. Wie finde ich denn die Gaststätte "Zum Schmied"? b. Gerade eben haben wir uns noch vertragen, c. Sei nicht so dickköpfig, d. Heute habe ich mal wieder große Unlust); **Teil 4** (a. Müller-Pidd, b. gefüllte Kartoffelklöße, c. 4 Fläschjer Ur-Pils)

Diese Übersicht umfasst 1.179 Begriffe (*so Stigger 1.200*), die alphabetisch sortiert vorgestellt werden. Zu einer ganzen Reihe von Begriffen gibt es auch entsprechende Sentenzen, mit denen der Gebrauch eines Begriffs verdeutlicht wird. Dabei ist der saarländische Satz nach dem Trennungszeichen | kursiv gedruckt, die deutsche Übersetzung steht nach einem weiteren Trennungszeichen im Normaldruck direkt dahinter.

Hat ein Begriff mehrere Übersetzungen, so sind diese durch einen Strichpunkt voneinander getrennt. Der Strichpunkt markiert auch den Beginn einer Definition eines Begriffes, seltener finden Sie Erläuterungen auch in runden Klammern.

Ein Anspruch auf die Vollständigkeit des Verzeichnisses der saarländischen Begriffe wird ebenso wenig erhoben wie ein Anspruch darauf, dass die Begriffe ausschließlich in der hier vorgestellten Übersetzung korrekt beschrieben sind. Es mag also durchaus sein, dass es für einige dieser Begriffe weitere typisch regionale Deutungen gibt, die hier nicht berücksichtigt wurden.

A: ah
aach, ah: auch
ääglisch: eklig
aan: an
aansaan: ankündigen | *Dääde eehr eisch aansaan wenn'er komme, kennde meer onns ah rischde.* | Würdet Ihr uns vorher sagen, dass Ihr vorbeikommen wollt, könnten wir uns auf Eueren Besuch auch vorbereiten.
aansaan gehen: grüßen; Glückwünsche überbringen; früher sind die Kinder am Neujahrstag von Haus zu Haus gegangen um das neue Jahr "anzusagen"
aanschdegge: anzünden; sich infizieren | *Jääp, duu'emol s'Feier aanschdegge!* | Jakob, mach bitte Feuer!
aanschdennisch: gut, ordentlich; anständig
aarisch, <u>ae</u>risch: ziemlich, sehr; aus dem Urfränkischen "ergh(sich)" = erregt sein; von "arg" = schlimm, schlecht | *Ähs kochd sonnschd aarisch gudd; das-doh war awwer neischd <u>ae</u>risches heid.* | Sonst kocht sie sehr gut, aber heute war es nichts Besonderes.
Aau: Auge
Aauebligg: Augenblick; Moment
ääwe: gerade, eben; darum
Abbedeeg: Apotheke
Abbel, Äbbel: Apfel, Äpfel
Abbelbadsch: Apfelkompott, auch "Apfelbrei"
äbbeldänzisch: leicht benommen; trunken; betäubt
Abbelkrotze: Kerngehäuse des Apfels (das, was nach dem Essen vom Apfel noch übrig bleibt)
abdischbedeere: abstreiten; saarländische Reinform der eristischen Dialektik

(die Kunst so zu disputieren, dass man Recht behält - mit Recht wie mit Unrecht) | *De Hans hodd so lang abdischbedeerd, bis de Rischder vom Stuuhl gefall es.* | Hans hat die Tat bis zum Äußersten bestritten.
Abdridd: Toilette, meist außerhalb des Hauses; von Abtritt, Abort = "abgelegener Ort"
ableeje: ablegen, hinlegen; fallen
Abord: abgelegener Ort; Klohäuschen nahe beim Haus
Atzwennzkranzkerrze: Adventskranzkerzen; nicht, wie oft vermutet, 4 Flaschen Maggi sondern 4 Flaschen Ur-Pils ;-)
Aei: Ei
Aejer: Eier, Pl. von "Aei" = Ei
Aemer: Eimer
Aemersche: kleiner Eimer, Eimerchen
aemol: einmal
aener: einer
aener schnerre lonn: einen Pups lassen; furzen
aener trennge geehn: ausgehen; fortgehen; etwas unternehmen (ist reine Männersache) | *Ei wenn'sche Zeit haschd, kenne mer jo mol aener trennge gehn.* | Wenn Du Zeit hast, können wir ja mal zusammen was unternehmen.
aenfach: einfach
Aeschel: Eichel, Frucht der Eiche
Aewed: Arbeit (in vielen Regionen auch "Aawed" gesprochen)
Affezibbel: Bezeichnung für eine arrogante Person, die es auf die Spitze treibt, wenn es darum geht, sich zum Affen zu machen; Person, die mit allen Mitteln versucht, im Mittelpunkt zu stehen
Äggelsche, Eggelsche: Eckchen, kleines Fleckchen (geogr./landsch.)
ah: auch; auch als solidarisierende Zustimmung in Dialogen gebraucht; bedeutet auch "ich habe verstanden"
ahjer: ach so
ah'no: auch noch
ähs: sie (3. Pers. Sing.); wird auch für alle weiblichen Haustiere gebraucht | *Ähs mennd jo wunnerschd was ähs wär.* | Sie ist sehr eingebildet.
all: leer; aufgebraucht
allee, alle: Verabschiedungshinweis (vom frz. Wort "aller" = gehen); meist in Verbindung mit "dann" als *alle dann* (bis zum nächsten Mal)
allegaar: alle; wirklich alle zusammen; im Saarländischen lässt sich "alle" tatsächlich steigern
allegebodd: dauernd, ständig, sich jeden Moment ändernd (zusammengesetzt aus "aller" und "Gebot" = "gehend bieten", ändern)
allemool: alle Male; selbstverständlich
als, alsemoo: hin und wieder | *Meer gehen als beinanner.* | Wir treffen uns hin und wieder.
Anndiffsche, Anndiffje: Endiviensalat; vermutl. stammt das Wort vom fränk. Wort "anduvie" = Endivie ab; der Pflanzenname geht auf ägyptische und griechische Quellen zurück und wird mit "Januarpflanze", also Pflanze, die im Januar wächst, übersetzt; der Saarländer hat sprachökonomisch die Wörter

Januar und Endivie (jANuar + eNDIVie) zum Wort "Anndiffsche" oder auch "Anndiffje" verschmolzen

Annduddl: Andull; dicke, geräucherte Bauernmettwurst im Ring (Abmessungen wie der Lyoner-Ring), die kalt oder warm ein Genuss ist; in Konsistenz und Farbe ist sie vergleichbar mit den westfälischen Rohessern oder der Braunschweiger Wurst im Ring; geschmacklich ist die Andull aber unverwechselbar und fast ausschließlich im Ostertal zu bekommen.

anne: vorüber, vorbei (gehen); Verbindung aus dem fränk. Wort "ant(en)" = neben, gegen und dem lat. Wort "ante" = vor | *Eisch senn aan de Metzjerei anne gang.* | Ich ging an der Metzgerei vorüber.

annenanner langs: aneinander vorbei; gut mit jemandem auskommen | *Gelle, meer komme joh gudd annenanner langs.* | Wir vertragen uns doch gut, nicht wahr?

annerschd, annerschder: anders

Annsche: Anna

är: er (3. Pers. Sing.)

Atzel: Elster

atzele: jemandem etwas wegnehmen (stammt von der "diebischen Elster", die im Saarland auch als "Atzel" bezeichnet wird); man darf sich nun durchaus auch fragen, warum die Finanzbehörden ihr Steuerprogramm wohl "Elster" genannt haben ;-)

Audo: Automobil

ausewennzisch: außen, außenwändig, außen liegend

auslääre: leermachen; ausschütten

ausmache: auskundschaften; verabreden

Auswärrdischer: Auswärtiger; Fremder; jeder Nichtsaarländer

awei', aweil: jetzt, gleich; sofort; Einleitung einer zeitlichen Ansage

awei'awwer: jetzt aber; Einleitung einer Androhung | *Awei'awwer langds, sonnschd ...!* | Jetzt ist es genug, sonst ...!

awwere: hinunter, nach unten; stammt ab vom fränk. Wort "awen" = unter | *De Ooba kemmd grad die Stääh awwere.* | Opa kommt gerade die Treppe herunter.

B: beeh

baade: baden; früher wurde einmal in der Woche warm gebadet

baade gehen: schwimmen; in den Teich oder - heute - ins Schwimmbad gehen

Bääsem: Besen

Babbagei: Papagei

Babbe: Vater

babbe: kleben; beschwipst sein | *Der hodd gäschder mol wedder ganz scheen aener babbe gehaad.* | Er war gestern wieder sehr betrunken.

babbisch: auf unangenehme Art klebrig

Babbsack: ungepflegter Mensch; unmoralischer Mensch

Bach mache: urinieren, pinkeln

Bäddschkapp, Baddschkapp: klassische Kopfbedeckung mit halbumfassen-

dem, aber kurzem Mützenschirm (vergl. "Schlägermütze"); diese Art der Kopfbedeckung ist durch "Heinz Becker" bekannt geworden, denn seine "Bäddschkapp" scheint mit ihm verwachsen zu sein.

Badsch: Schlamm; Brei

Ba̲e̲n: Bein

Baggaasch: Zeug; in einem Zimmer herumliegende Sachen (oft Kleidung); Pl.
für Ansammlung von Personen sozialer Randgruppen; das Wort stammt von
frz. "bagage" = Gepäck; einer Anekdote nach ist einmal eine saarländische
Delegation auf dem Bahnhof in Paris angekommen und einer der französischen Kofferträger rief lauthals "Baggage, baggage" (er wollte ja helfen, die
Koffer zu tragen), doch ein Delegationsmitglied meinte nur trocken: "Isch
glaab, die kenne unns doh schonn ... "

baggisch: klebrig

Bahndamm: Bahntrasse; Bahnübergang

Ballaawer: Krach, Lärm; Aufhebens um etwas machen; von port. "palavra" =
Unterredung | *Mach doch kenn so e Ballaawer.* | Mach doch nicht so einen
Lärm.

bammbele: schwingend, frei hängend; von fränk. "bam(se)" = schlagen,
klopfen

Bangerd: uneheliches Kind; ungezogenes Kind

Bäredrägg: Bärendreck; Lakritze; Lakritze wird aus der zerkleinerten
Süßholzwurzel (*Glycyrrhiza glabra*) hergestellt; der Rohstoff ist in Aussehen
und Konsitenz mit Bärendreck, also den Ausscheidungen des Bäres,
vergleichbar

bärrele: betteln; in der Aussprache wahrscheinlich vom fränk. Wort
"baetlaere" abgeleitet

bärschde: verhauen; beischlafen

bass'emol off: befehlsartige Einforderung der Aufmerksamkeit Dritter

basseere: passieren; eintreten

Bauchlabbe: wie Schwenkbraten eingelegte, in Streifen geschnittene
Schweinebauchscheiben

Bause: Beule (anatom. an der Stirn, techn. an Blechen); vergl. auch *Viehzje*

Bawwer: Delle

Beddschbach: Bexbach

Beer: Birne

Beere: Plural von Beer (Birne); Beerenobst allgemein

beigehn: herkommen; nach Hause kommen; zur Hand gehen; beischlafen |
Meiner es gischder wedder emool nedd beigang. | Mein Mann kam gestern
wieder spät nach Hause.

beinäägschd: beinahe

beinanner gehen: befreundet sein (vergl. auch *meddenanner gehen*)

bekebbe: verstehen | *Der duud das serläb daachs nedd bekebbe.* | Der wird
das nie verstehen.

Bennel: Bindfaden; Packseil

Bennsel: Pinsel

Berschmannsguudsje: dunkles Malzbonbon (oft auch mit Anisgeschmack), das aussieht wie ein Kohlestückchen und meist auch mit Schlägel und Eisen verziert ist

Bettsaescher: Löwenzahn; fränk. "sig(he)" = seihen, ausfließen (Löwenzahn ist ein wassertreibendes Heilkraut)

Bettsche: Elisabeth; Kreuzdame beim Kartenspiel

betubbe: betrügen

bibb: fix und fertig, abgeschlafft, müde

Bibbel(sche): kleine abgeschnittene Anfangs- und Endstücke (vor allem bei Bohnen); vermutlich in Anlehnung an das Wort "bammbele", da die "Bohne-bibbelscher" meist an einem Faden "bammbelden"

Bibbelschesbohnesopp: Eintopfgericht, bei dem man in der Bohnenzeit die beim "Putzen" anfallenden Endstücke der grünen Bohnen genutzt hat; daraus wurde später dann die Schnibbelschesbohnesopp, bei der man die besseren Bohnenteile verwendet

Bibbes: verniedlichende Bezeichnung des äußeren männlichen Primärge-schlechtsorgans

Biebelsche: Küken; Tannenzapfen; Fichtenzapfen; Kiefernzapfen

Biehl-, Bischeleise: Bügeleisen

Biller: Bilder; Fotografien (meist Familien- oder Reisefotos)

Biller gugge: der saarländische "Dia-Abend"; früher meist am Wohnzimmertisch vor der Couch (man ließ das Fotoalbum rundgehen und erläuterte dann - ähnlich wie beim Dia-Vortrag - die einzelnen Fotos

Bitzelkapp: Zipfelmütze

Blaad: Blatt

Bläddsjer: Plätzchen, Süßgebäck

blärre: brüllen; kreischen, schreien

Blärrer: Plural von "Blaad" (Blatt); Schreihals

Bleiwooh: Wasserwaage (nicht zum Wiegen sondern zum Nivellieren)

Bloos: Blase (Harnblase, Brandblase, Scheuerblase)

Bloosbluum: Löwenzahn (im Samenstand)

bloose: pusten; blasen; auch gebraucht, um starken Wind zu umschreiben

Bluudwerschdsche: Blutwürstchen (Hausmacher Art)

Boarm: Boden

bobbele: liebkosten; ein Baby auf dem Arm hin und her wiegen

Bobbelsche: Kleinstkind, Baby

boddze: putzen, reinigen, säubern

Boggse: Hosen

Bohnegerrd: Bohnenstange (Rankhilfe für Stangenbohnen); stammt von ahd. "gart" = Stachel, Stock

Bojemaeschder: Bürgermeister

Boller: Po, Hinterteil | *Wenn de disch nedd schiggschd, hau'isch derr de Boller.* | Wenn Du nicht artig bist, versohle ich Dir den Hintern.

Bollerwaensche: kleiner vierrädriger Handkarren (den man bergab auf dem "Boller" sitzend mit den Füßen über die Deichsel lenken kann)

bommbe, bummbe: verhauen; beischlafen

Boogse: zähfester Nasenschleim, den die Kinder gerne mit den Zeigefingern aus ihren Nasenlöchern holen und dann zwischen Daumen und Zeigefinger rollen | *Schmeer dei Boogse nedd schon werrer unner de Disch, sonnschd rabbelds.* | Schmier den Schleim nicht wieder unter den Tisch, sonst kriegst Du Ärger (mit mir)!

Borrdst<u>ae</u>n: Randstein; geht auf das fränk. Wort "brort" = Böschung zurück

Borrem: Boden

braddele: dummes Zeug reden; ungekonntes Schweißen | *Dau braddelschd heid wedder e Zeisch.* | Du redest heute wieder dummes Zeug.

Branndewein: Branntwein; Schnaps

Bredullje: schwierige Situation; das frz. Substantiv "bredouille", das mit "Schwierigkeit, Misserfolg" übersetzt werden kann, tauchte erstmals im 16. Jh. in Büchern auf; die Herkunft des Wortes ist jedoch unklar, denn das frz. Verb "bredouiller" bedeutet "nuscheln, stammeln" | *De Emil hadd emmer näwehär geschaffd, onn jetzd es er dohdeweje schwär enn die Bredullje komm.* | Emil hat ständig Nebenjobs gehabt, und deswegen ist er nun in Schwierigkeiten geraten.

Breehmbeere: Brombeeren (altsaarl.)

Bregge: Kurzname für den Ostertalort Osterbrücken

Breggemer: Bewohner des Ostertalortes Osterbrücken

Bremme: Ginster

Brennje: kostenpflichtige Verwarnung, Strafzettel, Knöllchen

Brieh: Brühe (für alle möglichen Ab- und Auskochungen verwendetes Wort) | *Doh woar die Brieh wedder emol deierer wie die Brogge.* | Da war die Brühe teurer als die Einlage. (Bezeichnung für ein schlechtes Geschäft, bei dem man mehr als geplant ausgegeben hat)

Bronne: Brunnen

Bronneboddser: Brunnenputzer; Person, die man heute eigentlich zu nichts mehr gebrauchen kann; überflüssige Person

bronnse: im Sitzen urinieren oder pinkeln; meist benutzt, wenn Frauen urinieren; im Gegensatz zum "Bach mache" des Mannes, das eher dem Plätschern eines Baches gleicht, sind die Geräusche beim Urinieren der Frau - in sitzender Position - eher mit dem Plätschern in einem Brunnen zu vergleichen, daher "bronnse" die Frauen und die Männer "mache e Bach" | *Eisch gehen seehrschd emool a Bach mache onn dau kannsch dann joh a graad bronnse gehen.* | Ich gehe zuerst noch urinieren - und das solltest Du dann auch noch tun. (Satz, den vor dem Aufbrechen ein Mann an seine Begleiterin richtet)

broore: braten

Broore: Braten

Broschd: Brust; Busen

bruddschele: brutzeln

Bruddscheljer: kleine oder größere Schleimblasen an den Nasenlöchern kleiner Kinder

Bruurer: Bruder

Bubach: Ostertalort mit einer offiziellen Ein- und Ausfahrt über Saal, inoffiziell auch über den Buberg von Marth aus erreichbar; Bubach ist bekannt wegen seines Kirschblütenfestes und wegen des Fußballvereins "Roter Stern Bubach"

Buddig: Unordnung, Durcheinander; Bekleidungsgeschäft; Verschmelzung aus frz. "boutique" = Laden und mhd. "boude" = Bude, Arbeitsschuppen | *Dau gehschd mer nedd ennaus, bis de dei Buddig offgeraumd haschd!* | Du darfst nicht eher hinaus (spielen gehen), bis Du dein Zimmer aufgeräumt hast.

Bulldog: Traktor (das Wort wird selbst für moderne Fahrzeuge mittlerer Größe noch verwendet)

Buub: Junge

C: tseh

Cloon: Clown (wird aber im Saarländischen normalerweise mit K geschrieben)

D: deh

Daach: Tag

Daachdieb: Tagdieb; jemand, der einem ständig die Zeit stiehlt; jemand, der einen aufhält oder von etwas abhält

däädsche: könntest du; würdest du; Einleitung einer Bitte, die man durchaus als Befehl verstanden wissen möchte | *Däädsche das heid noch mache!* | Bitte erledige das heute noch!

Daadscheljer: siehe *Grommbeerekiescheljer*

däädsch'emol: Aufforderung; siehe *däädsche* | *Däädsch'emol graad gugge, ob's gudd es.* | Würdest Du bitte mal schauen, ob es in Ordnung für Dich ist.

Daal: Tal

Daalschberr: Talsperre; Stausee (z. B. der Bostalsee oder die Nonnweiler Talsperre)

Dabbeedekläwer: Kleister

dachdele: verprügeln; stammt vom fränk. Wort "dak(he)" = Dach und kann auch mit "jemandem eins aufs Dach geben" übersetzt werden

däddschele: streicheln

daebber: schnell; fränk. "dab(e)" = dabeisein (wollen) | *Mach daebber, sonnschd krieh'mer des Zuuch nedd.* | Beeil Dich, sonst kriegen wir unseren Zug nicht mehr.

daederlisch: fad, schal, geschmacklos; flau; kraftlos | *Das hadd schonn e bissje daederlisch geschmaggd.* | Das Essen war etwas fad.

Daelsche: kleines Tal, Tälchen; früher war "Im Tälchen" ein Straßenname in Osterbrücken, heute gibt es den Straßennamen nur noch in Winterbach

Daesch: Teig

Daeschel: Deichsel (altsaarl.)

Däggelsche: Deckelchen, kleiner Deckel; aber auch für keine Platzdecke (z. B. unter einer Vase)

dannze: tanzen

därre: siehe *derre*

Därrflaesch: Dörrfleisch

dasdoh: dieses

datt: in einigen Landesteilen für *es*, *ähs* oder *das* gebraucht

Dauerschreiwer: Kugelschreiber

Debbisch: Teppich, Teppichboden; Wolldecke fürs Bett

Deddze: Euter; oft auch Bezeichnung für besonders großen Busen einer Frau | *Ohläck, hadd die Deddze gehaad!* | Donnerwetter, hatte diese Frau einen großen Busen!

Deer: Tür

Deerschlenk: Türgriff

Deewel: Mensch, der Böses im Schilde führt (stammt von "Deiwel" = Teufel)

degg: oft

degger: öfter | *Leddschd Woch hodds degger geraend.* | Letzte Woche hat es öfter mal geregnet.

dehemm, deha͟em: zu Hause

deidlisch: deutlich

deier: teuer

Deiwel: Teufel; siehe auch *Deewel*

Deller: Teller

derdoh: dieser

derre: dörren

Derrebach: dem Lauf der Oster folgend der letzte Ostertalort des Landkreises St. Wendel; danach beginnt mit Fürth der erste Ostertalort im Landkreis Neunkirchen

derrfe: dürfen

Derrmel: Dummkopf; fränk. "dem(lei)" = Dummheit | *Ähs gehd joh, awwer är es e rischdischer Derrmel.* | Sie hat es ja drauf, aber ihr Lebensgefährte ist ein richtiger Dummkopf.

Dibbe: Topf, Kochtopf

Dibbelabbes: Teigmasse aus geriebenen rohen Kartoffeln, vermengt mit Leberwurst, Lauch, Zwiebeln und Eiern, die in einem Gußtopf bei geschlossenem Deckel im Ofen gebacken wird

Dibbsche: Töpfchen; Nachttopf

Dick Sopp: Eintopf, der meist aus Erbsen, Bohnen, Linsen oder Gerstengraupen gekocht wird

die doh Tuur: dieses Mal

Die drei Eehrschde: früher tanzte die Straußjugend die drei ersten Tänze allein, bevor das Parkett für alle freigegeben wurde

die Hangaad: Hangard im Ostertal (Kreis Neunkirchen) | *Ferr noh Wiwwelskeije foahr eisch emmer iwwer die Hangaad.* | Nach Wiebelskirchen fahre ich immer über Hangard.

die Knepp dregge: der Arbeit aus dem Weg gehen; faulenzen; zurückzuführen auf die Arbeiter, die im Zuge der Industrialisierung nicht mehr körperlich hart arbeiteten sondern nur noch "Knöpfe drückten" (z. B. viele Büroarbeiter an ihren Rechenmaschinen) | *De Pidd hadd sich emool wedder scheen die Knepp gedreggd.* | Peter hat sich wieder einmal vor der Arbeit gedrückt.

Diefebachdaal: Tiefenbachtal; dicht bewaldetes Naherholungsgebiet zwischen den Ortschaften Niederkirchen, Werschweiler, Hoof, Leitersweiler, St.

Wendel und Urweiler; dort wurde 1973 auch der erste Waschbär im Saarland erlegt

dimmele: grollen, donnern (bei einem Gewitter, das noch nicht da ist - oder das sich schon wieder ein Stück entfernt hat) | *Wenn'sche jetzd nedd offheerschd, dann dimmelds awwer!* | Wenn Du jetzt nicht aufhörst, kriegst Du Ärger!

Dingberd: St. Ingbert

Dinnjes: Gemeindehelfer; Gemeindearbeiter (der in der Regel die wichtigen Informationen des Bürgermeisters nach dem Einleuten mit der Handglocke verkündete); ist vermutlich auf das ahd. Wort "din(oe)st" = dienen, folgen zurückzuführen

dischbedeere: disputieren; diskutieren (siehe auch *abdischbedeere*)

do, doh: da; dieser, diese, dieses (Demonstrativpronomen) | *Die do Fraa onn der sell Mann.* | Diese Frau und jener Mann.

Dobbelweck: aneinandergebackene Weizenbrötchen

Dochdermann: Mann der Tochter, Schwiegersohn

Doggder: Doktor

dohdefoohr: dafür

dohdemedd: damit

dohdeweje: deswegen

dommele: sich beeilen, eilen | *Dommel disch, sonnschd fange die ohne onns aan.* | Beeil Dich, sonst beginnen sie ohne uns.

Dommschwäddser (Dummschwäddser): Titulierung für jemanden, mit dessen Aussagen man selbst nicht konform geht; häufig gebrauchte, harmlose Bezeichnung | *Oh geh' forrd, dau Dommschwäddser!* | Jetzt übertreibst Du aber!

Doole: Unterführung; Abflussgraben; Rabe (für Krähen und Dohlen)

Doolewutz: Drecksau

Doom: St. Wendeler Basilika; Dom

Door: Tor (als Eingang oder Treffer beim Fußballspiel)

doorisch: dornig

doowisch: ungeschickt

Dorfschidz: Dorfschütz; Gemeindediener, Gemeindewächter

dorjnonner: durcheinander; vermengt; senil

Dorjnonner: Unordnung, Durcheinander

drähje: drehen

Drilles (Drillesknobb): Kreisel (Kinderspielzeug)

Drohschele: Stachelbeeren

Drudschelje: nettes, aber nicht unbedingt auch hübsches Mädchen

Duch: Tuch

Duddel: Kurbel; Handhebel zum Drehen

duddele: etwas (schnell) drehen

duun: tun, machen

duuschder: dunkel (meist auf die Dämmerungsphase bezogen); siehe auch *stoggduuschder* oder *zabbeduuschder*

duusche: tust du

duusch'emol: tust du mal, machst du mal

E: eeh
e: ein, einer, eine
e Klitzje stelle: jemandem ein Bein stellen
e Knubbe mache: blau machen; selbst bestimmter Vorstoß, nicht zur Arbeit zu gehen; vergl. auch mit *Knubbe*
e Pladder: Reifenpanne
e Rooder: Mann mit roten Haaren
e Roodie: Frau mit roten Haaren; rote Bratwurst (Bockwurst) vom Grill | *Mach meer emool e Roodie ferrdisch.* | Ich nehme eine Bockwurst.
e Weisie: weiße Bratwurst vom Grill (auch weiße Currywurst)
e, e: nein; rhetorische Verneinung
Ebbelboore: Eppelborn; Heimatort vom Müller-Pidd
ebbes: etwas | *Och, dasdoh woar mol ebbes anneres.* | Das war mal was anderes. (Oft auch als diplomatische Antwort auf die Frage des Gastgebers, ob es denn geschmeckt hat, benutzt)
edd, ett: in einigen Landesteilen für *es* oder *ähs* gebraucht
Eebsche: kleiner Öfen; Stövchen
Eehmbeere: Himbeeren (altsaarl.)
Eel: Öl
ehb'se: ehe sie, bevor sie (altsaarl., noch eng an die fränk. Urform "eb(he)" angeglichen)
ehe: eggen (Ebnung des gepflügten Feldes)
Ehmetze: Ameise, Ameisen
ei: rhetorische Pause ohne eigentlichen Sinngehalt (vergl. engl. "well")
Eia: Liebkosung keiner Kinder (Aneinanderreiben der Wangen bzw. Backen als innigster Ersatz für den Kuss) | *Gebb de Tannde emool e Eia!* | Liebkose Deine Tante, indem Du sie innig drückst!
eiere: sich oder jemanden ärgern | *Hann isch misch mol wedder geeierd!* | Was habe ich misch wieder ärgern müssen!
ei joh: bestimmt; ganz sicher (Steigerung des einfachen ja)
ei nää, ei nae: bestimmt nicht; ganz sicher nicht (Steierung des einfachen nein)
eller: älter
em, emm: im
Emmes: großes Volksfest in Saarlouis; Schafskopf; Querkopf (vermutl. von *Lemmes* = Schafsbock abgeleitet)
Emmsche: Emma
emol, emool: einmal; meist in Verbindung mit einer Bitte
emol graad: nur einmal eben; meist in Verbindung mit einer Bitte
Enndiffsche, Enndiffje: siehe *Anndiffsche*
ennestobbe: hineinstopfen | *Waard doch, Emmsche, eisch muss doch mei Hemmed noch ennestobbe.* | Emma, warte auf mich, ich muss doch zuerst mein Hemd in die Hose stopfen.
ennewennzisch: innen, innenwändig, innen liegend

Ennfall, Innfall: Idee

enngeschnabbd: beleidigt | *Bisch' wedder enngeschnabbd?* | Bist Du wieder beleidigt?

Ennheimischer: Einheimischer

ennischele: einigeln; sich zurückziehen

ennoffzuus: aufwärts | *Enunnerzuus helfe all Deiwele, ennoffzuus nedd emool die Engele.* | Abwärts helfen alle Teufel, aufwärts nicht einmal die Engel.

ennw<u>ae</u>sche: einweichen

ennwiggele: verpacken; überreden | *Doh hasche disch mool widder scheen ennwiggele gelossd!* | Da hast Du Dich mal wieder schön zu etwas überreden lassen!

enuunnerzuus: abwärts

eroffzuus: aufwärts

eromm<u>ae</u>eiere: drucksen, zaudern (wenn jemand nicht zur Sache kommt) | *Bis isch gewissd hann, was'er will, hadd'er ganz scheen erommge<u>ae</u>eierd.* | Er hat lange herumgedruckst, bis ich wusste, was ihn bedrückt.

erommeiere: herumärgern | *Isch hann misch heid werrer medd'em Jupp erommgeeiert.* | Ich musste mich heute wieder mit Jakob herumärgern.

eronnerzuus: abwärts

err: irre, durcheinander; sich täuschen, sich irren | *Doh geh'sche awwer err, wenn'sche gl<u>ae</u>bschd eisch senn err!* | Da täuschst Du Dich aber, wenn Du glaubst, ich sei irre!

es eehwerschd: das obere

es färrerschd: das vordere

es hennerschd: das hintere

es unnerschd: das untere

F: äff

Fäärschd: Ferse

Faased: Fasching, Fastnacht

Faasekiescheljer: in Öl ausgebackene Hefekrapfen

Faasenaachd: Fasching, Fastnacht

Faddse: Fetzen aus Stoff; großes Stück Fleisch

Fäng: Prügel, Schläge (von "einfangen" angeleitet)

fedroggele: vertrocknen, verdörren

Feerd: Fürth; Ort im Ostertal (Landkreis Neunkirchen)

fefäähle: verfehlen

feh: viel

Feier: Feuer; Feier, Fete, Fest

Fein Zeisch: Spezialitäten

Feine Sache: Spezialitäten; gute Kleidung, Sonntagskleidung

Felängerungsschnuur: Verlängerungskabel

Feldwääh: Feldweg

Fenschder: Fenster

Fenschderlaare: Fensterladen

ferägge: verrecken, verenden

ferr se: um zu, zum; bevor | *Ferr se koche muss isch seehrschd noch kaafe gehen.* | Bevor ich koche, muss ich zuerst noch einkaufen gehen.

Ferrz (emm Kopp): Verrücktheiten; Phantasiegebilde | *Der hadd heid emol widder Ferrz em Kopp!* | Der phantasiert heute mal wieder.

ferrzeele: erzählen; mitteilen

Feschelje: Vögelchen; siehe auch *Vochel*

Fickmiehl: Mühlespiel; auch Stellung beim Mühlespiel, wenn mit dem Öffnen einer Mühle eine andere Mühle geschlossen werden kann

fiddere: siehe *firrere*

fiddschele: jemanden umgarnen; schnelle, kurze Schritte machend (eine Art "Trippeln") | *Hasche gesiehn, wie's Mariesche omm de Sepp fiddscheld?* | Hast Du gesehen, wie Maria den Sepp umgarnt?

Fiene: Kurzform für Josephine; das Mädchen Josephine, also die kleine Josephine, ruft man aber nicht "Fienchen" sondern *Finnie*

figgerisch: nervös, aufgeregt

Fillemend: Fundament (altsaarl.)

Fillsel: Füllung für gebratenes Geflügel, meist aus in Milch geweichten Brötchen, mit Eiern, Gewürzen und frischen Kräutern vermengt

finnie: abgeschlossen, beendet (frz. "fini"); substant. gebraucht für das Mädchen Josephine

firrere: füttern (das Vieh im Stall)

Fisselberrsch: Füsselberg (südlich von Freisen); mit 595 m Höhe ist der Füsselberg der höchste saarländische Berg; Trautzberg und Hellerberg (ebenfalls in Freisen) sind zwar höher, jedoch geologisch gesehen Ausläufer des hochwälder Berglandes und damit "nur" Höhenlagen aber keine Berge im Sinne der Definition des Wortes Berg; gleiches gilt für Dollberg und Schimmelkopf (beide in der Gemeinde Nonnweiler), wobei einigen kartographischen Informationen nach die höchsten Erhebung dieser Hochwaldausläufer in Rheinland-Pfalz liegen und eben nicht mehr auf saarländischem Boden

Fisselmsche: Fussel; kleiner Stofffaden, der sich meist nur schwer von der Kleidung entfernen lässt

Fixfeier: Streichholz (man erhält "fix" Feuer)

Fixfeierhex: flüssiger Ölofenanzünder; Bezeichnung für durchtriebene Frau mit roten Haaren

Flabbes: Grobian; derber, grobschlächtiger Mensch; Randalierer

flabbesisch: grob; derb; randalierend

fladdeere: nachdrücklich bitten; fehlend bitten | *Wie degg soll'isch derr dann noch fladdeere?* | Wie oft muss ich Dich denn noch bitten (anflehen)?

Fladdschniggel: unumsichtiger, roher Mensch, der nicht auf seine Umgebung achtet

Fl<u>ae</u>sch: Fleisch

Fl<u>ae</u>schkiescheljer: Fleischküchelchen, Frikadellen

Flemm: Unlust; Depression; fränk. "fle(ne)" = Angst haben | *Isch kriehn die Flemm, wenn'isch an die feh <u>Ae</u>wed do denge.* | Wenn ich diesen Berg Arbeit

sehe, vergeht mir die Lust.
Flidd: Baguette; von frz. "flûte" = dünnes Baguette
Fliddsche: Flügel (bei Vögeln); leichtes Mädchen, das sich jedem hingibt
Fliehend Hitz: Wechseljahre
Fliescher: Flieger, Flugzeug
Flogge: Geld
Floggie: kleiner Hund (meist für Terrier gebraucht); Penis
foahre: fahren
foore: vorne
Foozer: jemand, der dummes Zeug daherredet; Spaßmacher
fordfoahre: wegfahren; in Urlaub fahren | *Wo foahre eehr dann die doh Tuur hien?* | Wohin fahrt Ihr denn dieses Jahr in Urlaub?
forrwisch: bunt, farbig
Forrwisch Wäsch: Buntwäsche | *Bettsche, hasch'de die Forrwisch Wäsch schon enn die Maschien geduun?* | Elisabeth, hast Du die Buntwäsche schon in der Waschmaschine?
Fraa: Frau
Fräck: Erkältung, Grippe; fränk. "wer(ge)" = verfolgen, strafen | *Bei dem doh Wedder krischde leischd die Fräck.* | Bei diesem Wetter erkältet man sich schnell.
fraeschlisch: weinerlich, wehleidig | *Es Emmsche es neierlisch aarisch fraeschlisch.* | Emma ist neuerdings ziemlich wehleidig.
Fräggerd: Lausbub; Schelm (der einen mit seinen Scherzen verfolgt)
Fribbsche: leichtes Mädchen
friehjer: früher; erst, zuerst
Friehjohr: Frühling
Friehschobbe: Frühschoppen; auch heute noch im Saarland sehr beliebter Brauch zur Pflege sozialer Kontakte
froohe: fragen
Fruchd: Getreide
Fubbes: Unsinn
Fudderaal: Etui; Hülle
fuddschele: mogeln, bescheißen; ungeschicktes Hantieren
Fuddschelkraam: Arbeit, bei der sehr viel Geduld erforderlich ist, weil sie ungeschickt ausgeführt wird
Fuddselje: Fussel; kleiner Lappen

G: geh
Gäälerieb: Möhre, Karotte
gääre: gerne
Gääwel: Giebel; auch als Situationsbeschreibung (*Deem sterrzd gleisch de Gääwel enn*), wenn jemandem eine Sache über den Kopf zu wachsen droht oder bedrohlich wird | *Wenn isch nedd gleisch ebbes se trennge kriehn, sterrzd meer de Gääwel enn!* | Beeil Dich mit den Getränken, denn ich bin am Verdursten! (Der Satz lässt sich nicht wörtlich übersetzen)
Gääweldrauwe: Giebeltrauben, Haustrauben; in früheren Zeiten ließ man im

Saarland die Häuser oft mit rankendem Wein bewachsen, von dem man die Trauben ernten konnte; heute hat der "wilde Wein" mit seinen nicht nutzbaren Früchtchen die Giebeltrauben fast völlig verdrängt

gaegse, gärgse: knarren

Gaes, Gäs, Gääs: Geiß, Ziege

Gaeschel: Geißel, Peitsche

Gallerei: Sülze; Aspik; geleeartige Masse tierischer Herkunft

Gallier: Hosenträger (altsaarl.)

Gaschd: Gast; Besuch

gäschder, gischder: gestern

gaubse: stark husten; bellen

ge Morje: guten Morgen

ge Naachd: gute Nacht

ge Noowed: guten Abend

gebärrschd: abgebürstet, gründlich gereinigt; geborsten, geplatzt; jemanden ins Lot gestellt | *De Erwin hadd sei Klaender gäschder emol rischdisch gebärrschd.* | Erwin hat seinem Sohn gestern die Leviten gelesen.

gedaddschd: leicht beschädigt; Druckstellen bei Obst

Gedreggde: Kartoffelpüree

Geferrz: verrücktes Zeug; ausgediente Sachen | *Heer mol off medd deim Geferrz doh!* | Lass mal gut sein!

Gefriertruuh: Gefriertruhe

Gehannsbiebelsche: Johanniskäfer

Gehannsdrauwe: Johannisbeeren (schwarze, rote und weiße)

Geheirade: Verheiratete (*Mählknebbscher onn Grommbeere dorjnonner, awwer medd Sahne-Schbäggsoos onn Krachelscher*)

Gehschend: Gegend, Umgebung

Geldbeidel, Geldbeierl: Portemonnaie, Geldbeutel

gelle: nicht wahr; saarländische Solidarisierungsfloskel in Dialogen (erhält das Gespräch und fordert eine Reaktion des Zuhörers ein)

Gelommps: größere, nicht mehr benötigte Sachen; auch alte Kleidung (vergl. *Geremmbel*)

Gemaen, Gemään: Gemeinde (Amtssitz des Bürgermeisters); im Zuge der Landreform Anfang der siebziger Jahre wurden einzelne Ortschaften zu Gemeindeverbänden zusammengelegt, so dass die Orte ihre Eigenständigkeit verwaltungstechnisch verloren; die früheren Bürgermeister wurden damit zu "Ortsvorstehern"

Gemaendebläddsche: amtliches Gemeinde-Nachrichtenblatt, welches jede Woche kostenlos an alle Haushalte verteilt wird

gemaenerhand: normalerweise; in aller Regel

gemiehld: gemahlen (mit einer Mühle)

Gemies: Gemüse

Gemmsche: siehe *Gimmsche*

Genachelde: Arbeitsschuhe, die gegen übermäßige Abnutzung an der Sohlenspitze und am Absatz mit Schuheisen beschlagen waren

Gennz: Gänse (Pluralform von Gans)

Gepetzder: Lyoner, den man früher - im metzgereitypischen Fettpapier eingewickelt - zwischen den Rippen eines Gußheizkörpers gegart hat (typische Bürospeisung)

Gereeschde: Bratkartoffeln, die man aus gekochten und in Scheiben geschnittenen Kartoffeln (Pellkartoffeln) macht

Geremmbel: Gerümpel

Geschbridzdes: Bier mit Cola

Geschwellde: Pellkartoffeln (kommt entweder von "schwelgen" = genießen oder von "Schwellung", denn mit der Schale gekochter Kartoffeln wurden früher oft Frostbeulen behandelt)

Gesippschaffd: siehe *Gsippschaffd* (Verwandtschaft)

Gesoggs: siehe *Gsoggs* (herabwürdigende Bezeichnung für eine Familie oder Sippe)

gesullwerd: angetrunken, betrunken (siehe auch *Sullwer*); eingelegt

Gfillde: dicke Knödel, gefüllte Knödel (meist mit Leberwurst und Lauch, seltener mit Hackfleisch gefüllt)

gibbele: oben abschneiden; kürzen

Gimmsche: Mittagsruhe; kleines Mittagsschläfchen; Nickerchen

Glaesbauer: Schienbauer, Gleisbauer

glaewe: glauben; vermuten

Goarde (Gaade): Garten

Goardedeersche, Gaadediersche: Gartentürchen

Gommer: Gurke; scherzhaft auch Nase

Good: Patentante

Grääzkobb: misslauniger Mensch

grabbsche: hastig nach etwas greifen; aus dem Vollen schöpfen

gradselaeds: gerade deswegen; jetzt erst recht | *Eisch hanns nedd gederrfd, awwer eisch hanns gradselaeds geduun.* | Weil man es mir verboten hat, habe ich es erst recht getan.

Greffelspitzer: Pedant; überordentlicher Mensch, der alle Regeln zweihundertprozentig einhält; kleinkarierter Mensch

Griewe: in Würfeln geschnittener ausgelassener "grüner Speck" (Rohspeck, der nicht gesalzen und nicht geräuchert ist)

Grieweschniss: Mund mit Herpesbläschen

grischele: knittern; geräuschvolles Kramen in Papieren; lautes Umblättern der Zeitung

griwwele: grübeln, nachdenken; schwach jucken; kribbeln | *An was griwwlschd'ann schonn widder?* | Worüber grübelst Du schon wieder?

Grommbeer: Kartoffel

Grommbeerewaffele: Kartoffelwaffeln (aus geriebenen rohen Kartoffeln, Mehl und Eiern, meist mit Grieben oder Speck und Lauch)

Grommbeerkiescheljer: kleine in Öl in der Pfanne ausgebackene Pfannkuchen bzw. Puffer aus geriebenen rohen Kartoffeln mit Ei, Zwiebeln und Lauch (passt gut zu Eintöpfen)

Groohworschd: Grauwurst; Salami

Gruub: Bergwerk, Grube; tiefes Loch

Gruwwele: Locken

Gsippschaffd: Verwandtschaft; früher im Saarland weit verbreitete Mehrgenerationen-Wohngemeinschaften

Gsoggs: herabwürdigende Bezeichnung für eine Familie oder Sippe; oft auch für entfernte eigene Verwandtschaft gebraucht, zu der man wegen deren Eigenarten kaum Verbindung hat; Bezeichnung für jede Art sozialer Randgruppen | *Bleib mer forrd medd deem Gsoggs!* | Komm bloß nicht auf die Idee, die einzuladen!

gudd: gut

Gudda: Schüßigkeiten (meist im Dialog mit kleinen Kindern) | *Will'sche e Gudda hann?* | Möchtest Du Süßigkeiten haben?

Gudd Stobb (Stubb): Wohnzimmer

Gudzje: Bonbon; eines der wenigen saarländischen Wörter, die mit **dz** geschrieben werden; im Pl. *Gudzjer* auch für "Weihnachtsgebäck" gebraucht

gugge: schauen, Hinschauen; sehen

Guggelscher: Augenpaar (verniedlichend meist für Kinderaugen gebraucht)

gu'mool: schau mal | *Gu'mool doh, es das nedd em Friedsche seiner?* | Schau mal, ist das nicht Friedas Mann?

gunn Dach: guten Tag

Guudzje: siehe *Gudzje* (Bonbon); je nach Region lange oder kurze Aussprache

H: haa

Haadsschmeer: eingedickter Zuckerrübensaft (Fenner Harz)

Haahneknäschelje: schmächtig gebauter Mann

hääm: siehe *hemm* (nach Hause)

Hääp: Heppe; vermutl. abgeleitet von "happen" = nach etwas schnappen; ähnlich einer Sichel gebogenes Stahlbeil bzw. Krumm-Machete

Haawe: großer Topf; vermutl. abgeleitet von fränk. "haw(e)" = anlegen, hineinlegen

Haei: Heu

haem: siehe *hemm* (nach Hause)

Haesje: Häschen, kleiner Hase; auch Bezeichnung für die letzte (meist kleinste) Waffel beim Waffelbacken

Häggebogg: Zecke

hallwer: halb

Halskaul: Genick (altsaarl.); Vertiefung zwischen Halswirbel und Hinterhaupt

hamm'er (nedd): haben wir (nicht)

Handlaaf: Geländer

hann: haben

Hannjoop: Scherzbold (altsaarl.), auch Name für das "Marpinger Original"

Hännsche, Hänndsche: Handschuhe

Hauberschwiller: Haupersweiler im Ostertal

Haufe: Haufen; Hügel; aufgeschichtete Erdmassen; Kot

haufele: anhäufen

hause: wohnen (abwertende Beschreibung) | *Die hause wie emm*

Wutzeschdall. | Die wohnen (leben) wie die Säue.
he: wie bitte (siehe auch Kapitel "Redewendungen und Phrasen")
Heemer: Bewohner des Ostertalortes Hoof
Heerdsche: Steige, Holzkasten für Obst und Gemüse; vermutl. abgeleitet vom altgerm. Wort "herden" = zusammenhalten oder von "Höhe" = etwas in die Höhe stapeln
heere: hören
Hefdsche: Heftchen; Groschenroman; Illustrierte
heid: heute
heile: heulen, weinen
Heisje: kleines Haus, Häuschen
hemm: nach Hause; je nach Region auch *h<u>ae</u>m* oder *hääm* ausgesprochen
Hemmed: Oberhemd
hennere: nach hinten; behindern, hindern (im Wege sein)
hennersich: nach hinten
Herbschd: Herbst
Hewwel: Hebel; umgehobelter Mensch
hibbelisch: ungeduldig; nervös
hienduun: verstauen; einordnen (auch wenn man jemanden nicht auf Anhieb erkennt)
higgele: hickeln; Hüpfspiel, auch Hickelkasten oder "Himmel und Hölle" genannt, welches meist von Mädchen gespielt wird - oft in Verbindung mit Gummitwist
Higgelsches schbeele: Hickelkasten spielen (siehe *higgele*)
Higgeltee: alkoholisches Abführmittel; früher wurde der Kräutertrunk auf Basis von Kornbrand oder Schnaps mit Wermut, Minze, Kamille, Kümmel und grünen Walnüssen angesetzt (hat einen scheußlich bitteren Geschmack, der an Schwedenkräutertrunk erinnert)
Himmelsaggzemendonnzugenähd: leichter saarländischer Fluch, der vor allem in unpässlichen Situationen ausgestoßen wird
Hinkel, Hingel: Huhn, Hühner
hirre geehn: hüten (gehen)
Hissje: Gerichtsvollzieher
Hitt: Eisenhütte (Stahlindustrie); kleines Haus, oft aus Holz
Hiwwel: Hügel, Berg
hiwwelisch: uneben; hügelig
hogge, hugge: sitzen
Hooge: Haken | *Do henne am Hooge kenne'ner eisch offhänge.* | Euere Jacken könnt Ihr an der Garderobe aufhängen.
Hoohrische: längliche Knödel aus rohen Kartoffeln (dazu gibt es meist eine Speck-Sahne-Soße)
hoole; holle: holen, nehmen; abnehmen; einnehmen | *Ferr abseholle odds Tabledde enngeholl.* | Zum Abnehmen hat sie Tabletten eingenommen.
Hoor: Haare
Horndeewel: teuflischer Mensch ("der Gehörnte"); Mensch, der Böses im Schilde führt (stammt von "Deiwel" = Teufel)

horrdisch: nun; gleich; unmittelbar bevorstehend (altsaarl.); von fränk. "hur(de)" = stoßendes Losrennen (bei Turnieren) | *Horrdisch langds mer awwer med'deer!* | Gleich reicht es mir mit Dir!
hubbse, hobbse: hüpfen
Hubbser: Bezeichnung für eine hinkende Person
Huddel: Schwierigkeiten; stammt vom spätmhd. Wort "Hudeler" = Pfuscher, Stümper
Hugg: Gesäß, Hintern
Hullerbaam: Holunderstrauch
Hummbe: große Tasse; großes Glas (auch Krug)
Hupp: Hinterteil
Huwwel: Bodenwelle (meist bei schlechten Straßen)
huwwelisch: uneben

I: ieh
Imms, Immbs: Festessen; stammt vermutl. ab vom mhd. Wort "enbizen" = essend oder trinkend genießen
Ischell, Iehschell: Igel
iwwer Land: über Land; Bezeichnung für eine Wanderung, die außerhalb geschlossener Ortschaften und abseits befestigter Verkehrswege stattfindet
iwwerleje: überlegen, nachdenken
iwwermorje: übermorgen
Iwwerrasch: chaosähnliche Unordnung; großes Durcheinander
iwwersich: über Kopf (etwas über Kopf heben); nach oben
iwwerzwersch: trotzig, dickköpfig; nicht gehorsam; ungezogen

J: iott
Jääp: saarl. für Jakob
Jääps: Krach, Lärm (auf den Geräuschpegel bezogen)
jääpse: herumtollen, toben
Jääscher: Jäger
jabbse: nach Luft ringen, schwer atmen
jaee: jagen; treiben
je, jä: sich aus dem Staub machen; gestorben ("über den Jordan gegangen"); "oh jä" steht auch für "Oh Jesus, oh mein Gott" | *Seehrschd hadd'er'm noch e Kennd aangesetzd, dann es er je.* | Nachdem er sie geschwängert hatte, machte er sich aus dem Staub.
joh, jo: ja
joh, Kurt (Johkurt): ja, Kurt oder auch "Joghurt" (kann man beim Sprechen nur anhand des situativen Kontexts ermitteln)
Jubbefaller: nervender Mensch; jemand, der sich einem unter die Flucht- grenze unangenehm annähert
Juchnachel: jemand, den man nicht für voll nimmt; früher oft auch als "nette" Umschreibung für den Dorftrottel verwendet
Jupp: saarl. für Joseph | *Do henne das es Zemmermanns Jupp sei Buub.* | Das dahinten ist der Sohn des Zimmermanns Joseph.

Juppe, Jubbe: Jacke; von frz. "jupe" = Rock abgeleitet

K: kaa
kaafe: kaufen
Kaafnetz: netzartige Einkaufstasche, die meist aus Kunststoff bestand; ein durchaus praktisches Utensil, da es platzsparend zu transportieren war (Nachteile: jeder konnte sehen, was man wieder eingekauft hat - und diese Kunststofftragen sind sehr oft aufgerissen)
Kääre: Kern (z. B. Kirschkern)
Kääsbläddsche: regionales Werbeblatt mit zahlreichen Werbebeilagen größerer regionaler Handelsunternehmen
Kabbes: Weißkohl; Unsinn | *De Pidd hadd emol widder e Kabbes ferrzeeld!* | Peter hat mal wieder einen Unsinn erzählt!
Käddsche, Keddsche: kleine Kette (Hals- oder Handgelenkskette); Liebschaft; Anhang; Ehefrau
kaen, kenn: kein
kaener: keiner
Kannel: Dachrinne
Kannelzogger: Kandiszucker
Kapp: Mütze | *Zieh die Kapp aan, es es kald heid.* | Zieh Deine Mütze an, denn es ist kalt heute.
Kaschde: Kasten
Käschde: Kisten; Kastanien
Käschdebaam: Kastanienbaum
Kässchmeer: mit Kräutern herzhaft angerührter Speisequark; mit Sahne statt mir Kräutern angerührt auch delikat zu *Kweddsche- odder Haadsschmeer*
keehre: fegen
Keenischreisch: Königreicher Hof; äußerster Ort des Ostertals mit Grenze zu Rheinland-Pfalz; es heißt, dass der Königreicher Hof nur wegen der persönlichen Beziehungen des ehemaligen Ministerpräsidenten Johannes Hoffmann zum Saarland kam
Keffd: Afterspalte, Afterkerbe
Kehr: Kurve (altsaarl.); vermutl. von "Umkehr" abgeleitet
Kenndaef, Kinndääf: Kindtaufe
Kerrb: Kirmes, Jahrmarkt
Kerrbsche: Körbchen
Kerrje: Pl. von *Kerrsch* = Kirche; in Ortsnamen meist „*keije*" wie in *Neinkeije* (Neunkirchen)
Kerrjoof, Kerrjoob: Kirchhof; Friedhof
Kerrsche: Kirschen; Kirchen
Kerrschebläädsche: regionales Kirchen-Informationsblatt mit allen wichtigen Terminen aus der jeweiligen Kirchengemeinde
Kerrwebladz: Kirmesplatz
Kerrwebuud: Verkaufsstand auf dem Jahrmarkt; Kirmesbude
Kerschdscher: knusprig gebratene rohe Kartoffeln, die man in Stäbchen geschnitten hat

kewwere: ungeschickt abschneiden; stochern
Kieh: Kühe | *Gell, dei Kieh mache derr Mieh!* | Deine Kühe machen Dir Mühe! Nicht wahr?
Kiescheljer: kleine Küchlein; im Saarland meist für in der Pfanne ausgebackene kleine Pfannkuchen, auch Puffer genannt (z. B. *Grommbeerekiescheljer*) oder aber für etwas dickere Portionen wie bei Frikadellen (*Flaeschkiescheljer*)
Kirrelscherrz: Arbeitskittel, Arbeitsschürze
Kisch: Küche
Kischdsche: Kisten
Kischeschank: Küchenschrank
Kiwwel: Kübel; Tonne
kiwwele: stark regnen
kläbbere: aufschlagen; schaumig rühren, schaumig schlagen (z. B. ein aufgeschlagenes Ei mit der Gabel schaumig schlagen); klappern
klaen: klein
Klappsmiehl: Klappsmühle; Irrenanstalt; früher gab es eine einzige Einrichtung dieser Art in Merzig, woraus sich ein Singspruch entwickelte: "Merzig, mach' die Tore auf, der Frank der kommt im Dauerlauf ..."
Kligger: Murmel
Kliggerkraam: bedeutungsloses Zeug; belangloses Zeug; unwichtige Angelegenheiten | *Oh, geh forrd, medd deim Kliggerkraam.* | Lass mich mit diesem bedeutungslosen Zeug in Ruhe.
kloor: interessant; witzig; zum Ausdrücken, dass einem eine Situation oder Lokalität gefallen hat
kloowisch: groß, unhandlich; vermutl. von "Globus" = Erdkugel abgeleitet (als man erkannte, dass die Erde eine Kugel ist, hielt man diese Erkenntnis für unübersichtlich und "unhandlich")
Knaadsch: Ärger; Bezeichnung für die Situation, in der man mit jemandem zerstritten ist
Knäbbsche: siehe *Knobb*
Knaedsch: Zwist, Streit (siehe auch *Knaadsch*)
knaedschisch: missgelaunt; streitsüchtig
Knause: Kopf
knawwere, knewwere: knabbern; etwas in sich hineinfressen | *An was duusche dann heid schon widder knawwere?* | Was bedrückt Dich denn heute wieder?
Knawwerzeisch: Gebäck (meist salzig)
Kneisje: Anfangs- und Endstücke beim Brotaufschneiden; bleiben meist liegen, bis sie hart sind, damit man sie dann im Kaffee eintunken und mit einem Butterhäubchen obenauf genießen kann
Knepp: Hoden
Kneppdregger: Faulenzer; Büroarbeiter (siehe auch *die Knepp dregge*)
Kneppscher: kleine Knödel; Schupfnudeln
Knies, Knieschd: Streit
knippse: ein- und ausschalten; ein Foto machen

Knippsje: Taschenlampe; früher für Taschenlampen mit 4,5-Volt-Blockbatterie (mit den zwei Zungen) verwendet, die noch über einen einrastbaren An-Aus-Schieber verfügten

Knobb: Knopf; dicker Knödel; Geschlechtsakt (dann meist in der Verniedlichungsform "*Knäbbsche*" gebraucht)

Knoche fer de Hund: auf Anfrage bekam man in der Metzgerei früher kostenlos Knochen vom Rind, an denen noch relativ viel Fleisch gewesen ist, so dass man daraus zuerst einmal eine gute Suppe kochen konnte, bevor der Hund die Knochen dann bekommen hat (diese Möglichkeit wurde auch von vielen Nichthundehaltern wahrgenommen)

knoddele: jemanden drücken, liebhaben; basteln

Knoddele: Ausscheidung von Hasen, Ziegen und Schafen; Knäuel; Knoten

Knortze: Kopf

Knubbe: Vorstoß, Vortrieb (im Bergbau); das Wort stammt vermutl. vom germ. Wort "knuff" = Stoß ab; astdurchwachsenes und damit schwer spaltbares Holz

Knuuschd: Kruste; eingefressene Dreckschicht | *Em Emil sein Klaener es ganz scheen verknuuschderd.* | Emils Sohn ist fürchterlich schmutzig.

koarde: Karten spielen, karten, auskarten, ausspielen

koddere: sich ständig räuspern; rotzen

Koore: Getreide

Koorekaschde: zum Trocknen gebundene Getreideähren, die in Form eines Zeltes auf dem Feld aufgestellt wurden

Koppduch, Koppduuch: Kopftuch

Korschd: Brotrinde; Bratenkruste; getrocknetes Blut einer Wunde

korschde: schnell essen; beschreibt jemanden, der sein Essen in sich hineinzieht wie ein Kaninchen, das an der Brotrinde knabbert (und dabei schnell kaut)

Kräämschniddsche: Renault 4CV, ein im Saarland einmal sehr beliebtes französisches Automobil; hübsch anzusehendes Mädchen oder junge Frau

Kraan: Kran, Lastenkran

Kraane: Wasserhahn

Krachselscher: in Margarine oder Butter geröstete Brötchenwürfel

Kraddel: After, Hintern

Kraensche: Kränchen; verniedlichende Bezeichnung für den Penis kleiner Jungs; vergl. auch *Bibbes*

Krauderer: Kleinunternehmer; nicht sonderlich erfolgreicher Unternehmer

Kremmele: Streusel; Krümel

Kremmelkuuche: Streuselkuchen

kremmelwiedisch: sehr wütend; bei Kleinigkeiten zu Wutausbrüchen neigend; unbeherrscht

kriehn: kriegen, bekommen; grün

kriwwele: leicht jucken, kitzeln; kratzen, kraulen (vergl. auch *griwwele*)

Krodd: Kröte; auch für "kleines Mädchen" | *Em Hennsje sei Klaenes es e rischdischie Krodd.* (Lässt sich als Satz nicht wirklich übersetzen, aber "e Krodd" ist in diesem Fall ein positiv besetzter Begriff)

krommbelisch: zerknüllt
krommboggelisch: krummbucklig; ungeliebt, unliebsam; unwillkommen
kruschbele: geräuschvolles Herumkramen (z. B. in der Handtasche)
Kurrf: Kurve
Kweddsche: Zwetschgen; auch für Pflaumen verwendet
Kweddschkaschde: Ziehharmonika; Akkordeon

L: äll
Laab: Laub
Laach: Lauch, Poree; Schnittlauch
laadsche: lässig gehen
Laafdaebber: Durchfall
laafend: andauernd; ständig | *Ferr se gugge senn eisch laafend steehn gebleeb.* | Ich blieb andauernd stehen, damit ich schauen konnte.
laare: laden, beladen
Laare: Laden, Fensterladen, Ladengeschäft
lääse: lesen; ernten
Lääwe: Leben
laawere: dummes Zeug reden; gehaltloses Gerede
Labbes: großer Mensch (der meist etwas ungeschickt ist); großes Stück; großer Fetzen
läbbsch: fad, geschmacksneutral; ohne Ausstrahlung | *Es Mia es e läbbsches Deng.* | Mia hat keine Ausstrahlung (auf mich).
Laddander: Laterne
Laddwersch: siehe *Ladschschmeer*
Ladschschmeer: Pflaumenmus (Latwerge, Laxem) - es gibt aber auch "Beereladsch" aus Birnen
Laeder, Laerer: Leiter
Laedung: Leitung, Führung
Laererwaan: Leiterwagen; Holzwagen mit leiterartigen Seitenwänden zum Befördern von Gras, Heu und Getreideschnitt
laerisch, laedisch: etwas leid sein; freudlos sein | *De Fritz had gesaad, dass'er es Lääwe laedisch es.* | Fritz ist sehr freudlos. (Im Saarland ist diese Aussage nicht zwangsläufig so zu verstehen, dass der Sprecher lebensmüde sei, sie kann aber durchaus auch als Hinweis auf eine problematische Situation interpretiert werden)
Laerung: Leitung (elektrisch); Wasserleitung
Lang Stregg: Bezeichnung für die Gerade am Ortsausgang von Osterbrücken in Richtung Niederkirchen, die bis zur Hoofer Kreuzung ("*die schaaf Kurrf*") reicht
lange: ausreichen; jemandem eine runterhauen
länge: etwas länger machen (z. B. ein Kleid oder eine Hose)
langsenanner: siehe *annenanner langs*
Laschder: Laster; Lastwagen
latze: sich gütlich tun; sich satt essen; sich den Bauch voll schlagen | *Meer senn morje enngelaad; do kenne mer onns dann emol widder rischdisch*

latze. I Morgen können wir uns mal wieder richtig gütlich tun, denn wir wurden eingeladen.

Latzegallie: siehe *Latzerooner*

Latzerooner: Schlitzohr; das Wort geht zurück auf mhd. "laz" = Band, Schleife, Fessel sowie lat. "lactare" = locken, ködern; positiv besetzte Bezeichnung für jemanden, der sich mit Witz und Charme durchzuschlagen weiß

lauschdere: hören, zuhören, die Ohren spitzen (altsaarl.); aufmerksam hinhören I *Duu'emool lauschdere, ob'de ah ebbes heerschd.* I Spitz bitte mal Deine Ohren und sag mir, ob Du auch etwas hörst.

Lauserd: stets zu Streichen aufgelegter Junge

lawwere: verschütten; bezieht sich meist auf die Situation beim Ausgießen von Flüssigkeiten I *Gehd das dann nedd emol ohne se lawwere?* I Kannst Du nicht wenigstens einmal aufpassen?

Laxem: siehe *Ladschschmeer* (Pflaumenmus)

Ledder, Lerrer: Leder

Lemmes: Schafbock

Lenndsche: Parzelle; kleiner Acker

Lewwer: Leber

Lewwerknepp: Leberknödel

Lewwerwerschdsche: Leberwürstchen (in der verniedlichenden Form meist für "Hausmacher Leberwurst", also Wurst aus Hausschlachtung)

lieje: lügen I *Der Raulisch duud wedder lieje wie gedruggd.* I Dieser schlechte Mensch lügt wieder wie gedruckt.

Liener: Lügner

Liffdsche: kleiner Luftzug

links, lings: links

Lischd: Licht; Liste; List

lischd: gelichtet; schütter

Lommbe: Lappen

Lommbes: siehe *Labbes*

Lommbesammler: so wurde früher der letzte Zug des Tages genannt, der von Ottweiler aus durchs Ostertal nach Schwarzerden gefahren ist

lonn: lassen; sein lassen I *Ei soll'isch's dann senn lonn?* I Soll ich das sein lassen?

loo: in einigen Landesteilen für *hier* oder *da* gebraucht

loolisch: lau; lauwarm I *Isch glaeb, es Bier woar loolischer wie de Schwenger.* I Das Bier war wärmer als das Fleisch.

Luische: Hallodri; kleiner Ludwig

luue: in einigen Landesteilen für *gugge* gebraucht

Luwwies: Luise

Lyoner: saarländische Nationalwurst; Fleischwurst im Ring (vermutl. erstmals in Lyon hergestellt)

M: emm

maan'sche: magst du

maeje: besuchen; sich zum Plaudern treffen (meist in der Nachbarschaft, aber auch für das Treffen mit Freunden oder Verwandten gebraucht) | *Eisch woar gäschder beim Bettsche m<u>ae</u>je.* | Gestern habe ich Elisabeth zum Plaudern besucht.

M<u>ae</u>re, Mäde: Mädchen; weibliches Wesen; Frau

M<u>ae</u>schder: Meister

Magge: Macke, als Eigenart oder als leichte Beschädigung

Maggi: Maggi; flüssige Kräuterwürze, die in kaum einem saarländischen Haushalt fehlt; oft als "saarländisches Nationalgetränk" bezeichnet

Mähl: Mehl

Mählriwwelscher: früher mit Wasser (seltener mit Eiern) angerührter halb-flüssiger Mehlteig, der ähnlich wie Spätzle vom Brett geschabt und gekocht wurde; eine weit verbreitete Suppeneinlage für "*Worschdsopp*"

Mamme: Mutter

mangse: quengeln (Adj. *mangsisch*)

mannsche: manche

Mannskerl: Mann

Mannsleid: Männer

Mariesche: Maria

Maschien: Maschine; für alle möglichen technischen Konstruktionen ge-braucht

maschiene: maschinelles Dreschen von Getreide (über eine Maschine mit Transmissions-Riementrieb)

Maschieneschobbe: Maschinenschuppen; Dreschplatz (ab den fünfziger Jahren wurde das Getreide nicht mehr von Hand gedroschen sondern ma-schinell zentral über eine mit Riemen angetriebene Dreschmaschine bearbeitet)

massisch: unbestimmte Mengenangabe; das Wort wird zum Umschreiben von Dingen benutzt, die in Massen vorhanden aber nicht näher zu zählen sind

Matz: Matthias; auch als Umschreibung für Mut | *Er woar nedd Matz genuch, omm'em die Woorh<u>ae</u>d se saan.* | Er war nicht mutig genug, um ihr die Wahr-heit zu sagen.

maule: meckern

Maulschwaarder: Angeber; jemand, der seinen Ankündigungen keine Taten folgen lässt

mause: stehlen; hat darüber hinaus auch im Saarland die Bedeutung wie überall "em Reisch"

Mauseehrsche: Mausöhrchen, Mausohr; altsaarl. für Feldsalat

Meddaach: Mittag

meddenanner gehen: liiert sein, ein Paar sein | *Isch gl<u>ae</u>b, em Heinz sei Buub onn em Kurd sei M<u>ae</u>de duun meddenanner gehen.* | Ich glaube, der Sohn von Heinz und Kurts Tochter sind ein Paar.

meh: mehr | *Isch maan nedd nur meh, isch maan feh meh!* | Ich mag nicht mehr, ich mag viel mehr!

Meiner: mein Freund, Verlobter oder Ehegatte

Meins: meine Freundin, Verlobte oder Ehegattin

Metzjer: Metzger

Metzjerei: Metzgerei
Miehl: Mühle
Migg: Fliege
Miggemacher: Aufschneider, Angeber; wird an der Saar meist direkt vor den Vornamen der entsprechenden Person gestellt und mit einem Bindestrich verbunden, z. B. *Migge-Matz, Migge-Pidd* (es muss aber von der Phonetik her passen)
Miggeplädsch: Fliegenklatsche
mille: mahlen (mit einer Mühle)
Milli, Millisch: Milch
Millschheisje: Milchhäuschen; früher gab es in nahezu jedem Ort mit Landwirtschaft eine zentrale Annahmestelle für die Milch, die von den Bauern morgens und abends dort abgeliefert wurde (damals gab es noch die Molkerei "Saarmilch", die später von der Hochwald-Molkerei einverleibt wurde)
Mischd: Mist; Dung
Mischdekaul: Platz, auf dem früher der Stallmist gelagert wurde
Moarck: Mark, D-Mark, DM
Modder: Mutter
Modderkletzjer: Holzstücke der Grubenstempel, die die Bergleute gerne mit nach Hause brachten, um damit zu heizen oder sogar Parkettböden damit zu legen
modderseeleallaen: verlassen (von allen); einsam (stärkste Umschreibung der Einsamkeit) I *Allegaar senn se gang; onn doh woar'er dann modderseeleallaen.* I Als alle gegangen waren, war er sehr einsam.
Mooarde: Möhren, Karotten (siehe auch *Gäälerieb*)
Moordemer: Einwohner des Ortes Marth im Ostertal
morje: morgen
morrgele: sich nicht ordentlich bekleiden
Mubbesje: Pummelchen; wird oft auch für "*Meins*" (*mei Mubbesje*) gebraucht
Muddschele: Muscheln; Grießklöschen; der Begriff hat nichts mit den aus Schwaben bekannten Mutscheln zu tun
muffele: unangenehm riechen; oft auch leichter, erst bei näherem Beriechen feststellbarer Missduft
Muggefugg: Imitat; billiges Produkt; falscher Kaffee (ein Ersatz aus gerösteten Eicheln, Malz und Zichorien)
mullekobbisch: dickköpfig, trotzig
Mullekopp: Kaulquappe; Dickkopf, Trotzkopf
Mummbidds: dummes Zeug; Phantasieerzählung
muschdere: begutachten, genau prüfen; jemanden unter die Lupe nehmen
muschele, muddschele: tricksen; bescheißen; auch jemanden "gern haben"
Muuhl: Kaule, trichterförmige Bodenvertiefung; Schlachtwanne für Hausschlachtungen

N: enn
Naachd: Nacht
Naachddischelje: Nachtschränkchen, Nachttisch

Naachdesse: Abendbrot, Abendessen

Naachdh<u>ae</u>bsche: Nachttopf

Naachdhemmed: Nachthemd, Schlafanzug

Naachdschengelsche: siehe *Naachddischelje* (Nachtschränkchen)

näägschd: beinahe (zeitl.); nahe bei (lok.) | *Är hadd se näägschd draan geschdann, onn do ess'er näägschd nunnergefall.* | Er stand zu nahe (am Rand) und ist dann beinahe hinuntergefallen.

Naaseweis: überaus neugierige Person, die mit allen Mitteln versucht, ein Geheimnis zu lüften

naaseweisisch: neugierig

nääwelisch: neblig

Nääz: Zwirn, Garn; vermutl. als Verschmelzung aus dem Wort "Nähzeug" entstanden

Nääzrellje: Garnrolle; scherzhaft auch für billigen Kleinwagen gebraucht | *Em Sepp sei nei Audo es e rischdisch Nääzrellje.* (Der Satz lässt sich nicht übersetzen, denn die Titulierung "Nääzrellje" bedeutet ja im Grunde nur "Kleinwagen"; hier bricht eher der Neid des Sprechers durch)

nachele: nageln; verprügeln; beischlafen | *Isch hann geheerd, dass de Schorsch emm Fritz seins genacheld hadd, onn dann hadd de Fritz de Schorsch genacheld.* | Georg hat mir der Frau von Fritz geschlafen, woraufhin ihn Fritz dann verprügelt hat.

Nachelschdudioo: Nagelstudio; im Saarland leicht missverständliches Wort (vergl. *nachele*)

n<u>ae</u>: nein

naggisch: nackt

Närrisch Ooder: Nervus ulnaris (Musikantenknochen) am Ellenbogen

Nauwe, Naube: Eigenarten (nur Pl.); vermutl. abgeleitet von "Narde" = eigenartig riechendes Baldriangewächs | *Är hadd ääwe sei Nauwe.* | Er hat nun mal seine Eigenarten.

näwehär: nebenbei, neben der Arbeit; oft auch für Arbeiten, die an der Steuer vorbei erledigt werden (siehe auch *unner de Hand*)

näwenaus: betrügen, fremdgehen | *Hasche schon geheerd: emm Schorsch seins gehd ah näwenaus.* | Georgs Frau geht fremd.

ne: hat die Bedeutung von "nicht wahr"

nedd: nicht (Gebrauch in Verneinungssätzen)

needisch, neerisch: nötig

nei: neu, ungebraucht, unbenutzt

neierlisch: neuerdings; neulich

Neinkeije: Neunkirchen, ehemalige „Stummsche" Hüttenstadt; bei der Postanschrift gab man früher immer „Neunkirchen/Saar" an, obwohl Neunkirchen an der Blies liegt (vergl. *Nienkeije*)

neischd, neischds: nicht, nichts | *Dasdoh es awwer neischds.* | Das ist aber nichts.

Nerrerkeije: Niederkirchen im Ostertal

nerrerleje: zu Bett gehen, sich zum Ausruhen hinlegen (meist aufs "*Schesselong*"); zum Sterben betten

netze: gießen, bewässern (den Garten)

newoohr: nicht wahr; saarländische Solidarisierungsfloskel, die in Dialogen sehr häufig benutzt wird

newwelisch: siehe *nääwelisch*

Nienkeije: Neunkirchen an der Nahe

Nieselpriem: Bezeichnung für jemanden, der seinen Mund zu voll genommen hat und seine angekündigten Taten nur ansatzweise umsetzt (das Wort beruht auf "nieseln" = tröpfeln, rieseln und "Priem" = Kautabak)

nimmi: nicht mehr; nie mehr

Nischd: Nest; Bett

Nischdel: Schnürsenkel; Bindeseil

niwwer, niwwerzuus: hinüber; zurück (vergl. auch *riwwer*) | *Kann'sche mool graad niwwergehn.* | Bitte verlass mal kurz das Zimmer.

nix: nichts | *Das machd doch nix, dass das nimmi nei es, ne?* | Ist es schlimm, dass das Ding gebraucht ist?

Noboar: Nachbar

nohdem: nachdem

nohlaafe: nachlaufen

Nohlaafsches: Nachlaufen spielen

nuggele: nuckeln, saugen

Nuggelsche: Schnuller

O: ooh

Oarm: Arm

Oarschkratzele: Hagebutten (die roten Früchte der Heckenrose)

off: auf; saarl. Universalpräposition

offbasse: aufpassen (im Sinne von etwas hüten oder von aufmerksam sein)

offlääse: auflesen, aufheben

offpluuschdere: sich aufblasen; sich wichtig machen

offschlaan: aufschlagen (z. B. beim Preis oder beim Fall von der Leiter)

offschweddse: aufdrängen

Offwäschsack: Putzlappen zum Aufwischen des Bodens; großes "Tuch" aus Jute

Ohläck: Ausruf des Erstaunens

ommgraawe: umgraben

Ommleejung: Umlegung; Zusammenlegung; im Zuge der Bodenreform im Saarland Anfang der siebziger Jahre wurden kleinere landwirtschaftliche Parzellen zu größeren Einheiten zusammengelegt; die privaten Haushalte mussten dafür Helferinnen und Helfer entsenden

Ommsetzer: Trafo; Umspannwerk (gab es früher in fast jedem Ort)

onn: und ... als saarländischer Gesprächseinstieg sehr beliebt (wie beim auffordernden Wort "hallo" soll ja die Bereitschaft zum Dialog erzeugt werden)

Ooba: Großvater

Ooma: Großmutter

oorschäärisch: mickrig, kümmerlich; stammt vermutl. von dem fränk. Wort "oscher(g)" = eingeschirrig (für einen Karren, der nur von einer Kuh gezogen wird)

Oos: Aas, Luder; durchtriebene Frau

Ooschderbregge: Osterbrücken im Ostertal

Ooschderdaal: Ostertal

Ooschderdaalbahn: Ostertalbahn; heute wird die Ostertalstrecke zwischen Schwarzerden und Ottweiler vom Arbeitskreis Ostertalbahn (historischer Museumszug) genutzt

Ooschdere: Ostern

Oowe: Ofen

oowe: oben

Orrwes: Rest, Überbleibsel; könnte von "Order" = Aufforderung, Befehl entstanden sein | *De Deller werrd läär gess, do werre k̲a̲e̲ Orrwesse gemachd!* | Es wird alles aufgegessen; es werden keine Rest gelassen!

Otzewall: keltischer Ringwall in Otzenhausen (in der Gemeinde Nonnweiler)

Owwerasch: siehe *Iwwerasch*

owwere: hinauf, hinaufgehen, nach oben gehen

Owwerkeije: Oberkirchen im Ostertal

P: pee

Päädz: Erkältung; ansteckende Infektion (geht auf das Wort "Pest" zurück)

Pa̲e̲d: Pferd

Pa̲e̲dsche: kleiner Pfad

Parre: Pfaffe; Pfarrer

Päscho: Peugeot (bekannte, im Saarland sehr beliebte und weit verbreitete französische Automobilmarke) | *Onnser Parre hadd e Päscho.* | Unser Pfarrer fährt einen Peugeot.

Patt: Patenonkel

Peederling: Petersilie

Peedsche: Pfötchen; eine Handvoll von etwas; kleine Menge

Pennje: kleine Pfanne

Pennsje: Bauch (meist beim Mann); sichtbares temporäres Hervortreten des Bauchs nach einer üppigen Mahlzeit

Petzaau: Zuzwinkern, Augenzwinkern | *Doh gehd doch ebbes: Hasch'de gesieehn wie de Stefan em Kurd seim Kla̲e̲nes e Petzaau gemachd had?* | Da ist doch was im Busch: Hast Du gesehen, wie Stefan Kurts Tochter zugezwinkert hat?

petze: kneifen; zwicken; wird im Saarland selten für petzen, verraten gebaucht

Pidd, Pitt: Peter

piddele: herumdrücken; herumfummeln; herumfingern

Pielsche, Pielje: Pfütze, Wasserlache; kleiner Tümpel

piempsisch: wehleidig

Pillscher: Küken

Pingschde: Pfingsten

Pittsche: Pickel | *De Pidd piddelt schon widder an seine Pittscher.* | Peter drückt schon wieder seine Pickel aus.

pläddele: Fliesen legen

Plagge: Fleck (an Kleidungsstücken)
pligge: abreißen; abziehen; abpellen I *Duusche wedder an de Zeewenäschel pligge?* I Ziehst Du schon wieder die zu langen Hornteile Deiner Zehennägel von Hand ab?
Pluch: Pflug
Pluchskarre: Transportkarre für den Pflug; bevor man früher das Feld pflügen konnte, musste man den Pflug erst einmal aufs Feld bekommen, so dass man diesen mit einem speziellen Karren dorthin brachte
Plunnze: Blutwurst im Ring (mit sichtbaren Speckstücken)
poodsche: ungeschickt hantieren; stümperhaft arbeiten
Poodscher: Stümper
Poohd: Pfote
Poschd: Post
Poschdbodd: Briefträger
posse: veredeln; vor allem Obstbäume werden veredelt, indem man auf einen wilden Schössling einen Jungtrieb eines bewährten Obstbaums pflanzt, die dann miteinander verwachsen
Puddel: Jauche; Fäkalien
Puddsch, Puddsche: Busch, Strauch; Stock (bot.)

Q: kuh
gebbd's awwer nedd

R: err
rääschds: rechts
rabbe: reiben; raspeln
rabbelderr: sehr dünn
rabbele: rappeln; Hinweis auf möglichen Ärger I *Bass off, sonnschd rabbelds.* I Pass bloß auf!
Rabbelkaschde: schlechtes Auto; Radio (oder Stereoanlage); auch für den Fernseher gebraucht, wenn kein ordentliches Programm läuft
Räddsch: Klatschweib; für die Weitergabe wichtiger Informationen in Nachbarschaft und Gemeinde zuständige Frau
raedsche, räddsche: klatschen, tratschen; hinter vorgehaltener Hand weitererzählen
Raefe: Reifen
Raelesjer, Rällesjer: Hüftspeck der Frau ("Rettungsringe")
Raen: Regen
raene: regnen
raffe: verstehen; aufnehmen I *De Lui raffd joh gaar nix meh.* I Ludwig versteht gar nichts mehr.
rammdeesisch: trübsinnig
Rand: Mund I *Oh Matz, hall aenfach emool de Rand!* I Matthias, sei still!
rangse: quietschen I *Die Deer rangsd schon wedder.* I Die Tür quietscht schon wieder.
Rappsopp: früher ein Arme-Leute-Essen, das aus Wasser und roh geriebe-

nen Kartoffeln gemacht wurde; heute nimmt man Fleischbrühe, roh geriebene Kartoffeln, die mit einem Ei vermengt und dann in der Fleischbrühe kurz aufgekocht werden

räschele: rechen, harken; mit dem Rechen arbeiten (z. B. Laub rechen)

raulisch: schlecht

Raulischer: schlechter Mensch

raume: räumen, umräumen, ausräumen

reduur: zurück

Reemerfla̲e̲sch: einen guten Schwenkbraten kann man nur bei gutem Wetter machen; aus der Not heraus (wegen wirklich schlechten Wetters) wurde eingelegter Schwenkbraten kurzerhand in dem im Saarland weit verbreiteten "Römertopf" zubereitet und dann als "Reemerfla̲e̲sch" kredenzt - ein echter Genuss)

Reidschuul, Reiderei: Kinderkarussell (früher meist mit Holzpferden, die sich beim Drehen des Karussells auch noch auf und ab bewegten)

Reisch: der Rest von Deutschland

Reng: Ring, Fingerring, Schlüsselring

Rengel: Wurst im Ring; ein "Rengel" ist immer etwas essbares, ein "Reng" nicht unbedingt

Rengelje: kleiner Ring (Verniedlichungsform entweder von "Reng" oder "Rengel")

Ridsch: Schütte; Rutsche (aus Holz) für Kohlen und Rüben, die im Keller gelagert wurden

Riemsche: schmaler Streifen (oft für die Haarbändchen der Mädchen gebraucht)

Rieschkollwe, Rischkollwe: Nase

rischd: gerade, im Lot

rischde: richten, ausrichten, ausloten; sich vorbereiten | *Ferr morje se schwenge misse meer ons noch rischde.* | Um morgen zu grillen, müssen wir uns noch vorbereiten.

riwwele: reiben; abtrocknen; die "Spitzbuben" zwischen den Händen ausformen

Riwwelscher: die entstanden, wenn sich die Gruben- oder Hüttenarbeiter vor dem Waschen die Zehenzwischenräume erst einmal mit den Socken "trocken" ausrieben; siehe auch *Mählriwwelscher*

riwwer, riwwerzuus: hinüber; her (vergl. auch *niwwer*) | *Kann'sche mool graad riwwerkomme.* | Komm bitte mal her.

Riwwer-Niwwa: Binder, Fliege (aber nicht das Insekt)

rollse: fröhlich und harmlos miteinander ringen

Rollse: ausgeprägter Hüftspeck der Frau (siehe auch *Wammbes* beim Mann)

Rommelboodz: ausgehöhlte Feldrübe, in die nach Schnitzen eines Gesichts eine brennende Kerze gestellt wird (vergl. mit Halloween); Vogelscheuche

Rommele: Feldrübe; Futterrübe (fürs Klauenvieh)

Rooschdworschdbuud: Rostwurstbude; Schnellimbiss

Roschdische Ridder (Rirrer): in Milch eingeweichte Brötchen vom Vortag, die nach dem Abpressen in geschlagenen Eiern gewendet und in Butter in einer Pfanne ausgebacken werden; am Tisch werden sie in eine Zucker-Zimt-Mischung getunkt und heiß gegessen

Rotznaas: laufende Nase bei einer Erkältung; kleines freches Mädchen | *Friehjer hann die Kinner Rotznaase gehaad, heid hann die Rotznaase Kinner.* | Früher liefen die Kinder mit Rotznasen herum, heute haben die "Rotznasen" Kinder.

S: ess

saan: sagen

Saalandgaad: Saarlandgarde; auch für "freiwillige Bürgerwehr zur Verteidung der saarländischen Brauereien" gebraucht

Saarlänner, Saalänner: Saarländer, die Krone der Schöpfung (und zwar in der maskulinen wie auch der femininen Form)

Saarnaboleon: Saar-Napoleon; so bezeichnet wird der ehemalige saarländische Ministerpräsident Oskar Lafontaine (wahrscheinlich aufgrund seiner Größe und seiner politischen Ankündigungen und Ziele, die er kaisergleich anvisierte)

Sackduuch: Taschentuch (aus Stoff)

Sael: Seil; Strick

Saelemer: Einwohner des Ortes Saal im Ostertal

saesche: urinieren, pissen; meist wie "bronnse" für die Verrichtung des Urinierens weiblicher Wesen (auch von Tieren) gebraucht

saewere: unkontrollierter Abfluss von Speichel aus dem Mund (meist bei Kleinkindern)

saugäär: sehr gerne; innigste Form der Zuneigungsbekundung | *Isch hann disch saugäär!* | Ich liebe Dich! (und möchte mit Dir alle möglichen "Sauereien" genießen)

saugudd: sehr gut

schaaf, schorrf: scharf; stark gewürzt

schäägisch: gefleckt, gescheckt

Schaack: stammt vom frz. Namen „Jacques" = Jakob (während im Nordosten des Saarlandes für Jakob meist *Jääp* gesagt wird, ist *Schaack* im Südwesten sehr verbreitet

Schaales: saarl. Nationalgericht (großer, in einem Stück in der Pfanne gebackener Teig aus geriebenen rohen Kartoffeln, meist mit Leberwurst, Speck und Lauch); der Name stammt wahrscheinlich von "Schale" = Kruste ab

Schaffschuhverschdäggeler: Person, die sich gerne vor der Arbeit drückt (und dafür die tollsten Ausreden erfindet)

Schammass: minderwertiges Produkt; Massenware schlechter Qualität; unqualifiziertes Gerede; stammt wahrscheinlich ab vom fränk. "scham(e)" = Beschämung, Schande

Schanndaam: Polizist; stammt von frz. "Gendarme"

Schäschdelje: Schächtelchen, kleine Aufbewahrungsbox

schawennzele: jemanden umgarnen; um jemanden weben

Schbauds: Spucke

schbaudse: spucken | *De Deiwel soll deene holle, der schbaudse kann wie e*

Fönnefmoarckschdigg! | Der Teufel soll den holen, der spucken kann wie ein Fünfmarkstück! (so etwas kann passieren, wenn man sich nach allem bückt um es aufzuheben)

schbeele, schbille: spielen

Schbeis: Mörtel - aus Sand, Zement und Wasser (früher wurde statt Zement Kalk verwendet)

Schbeisbidd: großes Gefäß zum Anrühren des Mörtels

Schbeischer: Dachboden

Schbitzbuuwe: Spitzbuben; auch Name für längliche Knödel aus gekochten und rohen Kartoffeln

schebbe: schaufeln | *Wenn de schebbe willschd, musch'de die Schibb hole gehen.* | Zum Schaufeln brauchst Du eine Schaufel.

scheen: schön

Scheereise: Schürhaken

scheese: zum Vergnügen unterwegs sein, herumfahren | *Wo komme iehr dann häär? Och, meer woare e bissje scheese.* | Wo kommt ihr denn her? Wir sind spazieren gefahren und dachten, dass wir ja noch einen kleinen Abstecher zu Euch machen könnten. (das ist immer eine diplomatische Antwort, wenn man jemanden besucht und merkt, dass man etwas ungelegen kommt)

Scheesew<u>ae</u>nsche: Kinderwagen

Scheffd: Regal (altsaarl.); wahrscheinlich von "Schaft" = Säulenteil in der Baukunst abgeleitet

Scheier: Scheune; beim saarländischen Bauernhaus immer direkt mit dem Haus verbaut

Scheierdoor: Scheunentor

schelle: an der Tür läuten; schimpfen; in manchen Orten sagt man für schimpfen auch "*schenne*"

Schengelsche: Schränkchen (altsaarl.)

schepp: schief, nicht im Lot

Scheppsche: kleiner, freistehender Schuppen in Hausnähe

Scherrds: Schürze zum Umbinden

Scherrwel: Scherbe; alte oder hässliche Frau

Schesselong: Sofa; Diwan; stammt vom frz. "Chaise long" = langer Stuhl

Schesser: Angsthase

Schibbe: Spielkartenfarbe Pik

Schienebus: Schienenbus; auf der Ostertalstrecke verkehrte noch bis Ende der siebziger Jahre der rote Schienenbus, ein Diesel-Triebwagen mit einem oder zwei roten Waggons im Schlepp

Schienetibbeler: Bezeichnung für jemanden, der die Bahntrasse zu Fuß kontrollierte (aus der Baurotte der Bahn); da die Bahnschwellen nicht in Schrittweite verlegt sind, fielen diese Bahnkontrolleure auch nach Feierabend durch ihren eigenartigen Gang auf, da es eine Zeitlang dauerte, bis sich die Bewegungen wieder normalisierten; auch Bezeichnung für andere Menschen, die durch eine eigenartige Gehweise bzw. Gangart auffallen

schigge: artig sein; entsenden; senden, verschicken

Schinnoos: Schindluder; durchtriebener (meist weiblicher) Mensch; vergl.

Oos

Schipp: Schaufel

Schippsche: traurige Miene kleiner Kinder, denen man etwas verbietet (siehe auch *Schnuut*) | *Dohdeweje brauch'sche awwer kään so e Schippsche se mache.* | Deswegen brauchst Du aber nicht so traurig zu schauen.

Schischdeschmeer: belegtes Pausenbrot

Schlabbe: Hausschuhe, Pantoffeln | *De Franz stehd ganz scheen unnerm Schlabbe.* | Franz hat zu Hause nichts zu melden.

schlaefe: schleifen (im Sinne von mit-, fortschleifen); schärfen (z. B. ein Messer)

Schlaefstaen: Schleifstein

Schlägge: Schnecken (Pl. von *Schlägg* = Schnecke)

Schlawiener: pfiffiges Kerlchen; kleines Schlitzohr

schleimere: schlittern, gleiten (auf Eis oder Schnee, ähnlich wie Schlittschuhlaufen); abschmieren (z. B. mit dem Auto aus der Kurve)

Schliwwer: Splitter; Holz- oder Metallspan, der sich ins Fleisch gebohrt hat

schlommbe: gut essen; ausgiebig (meist etwas hastig) essen

schloodsche: latschen; geräuschvoll gehen (die Schuhsolen über den Boden ziehend)

Schloodscher: jemand, der beim Gehen die Füße nicht hochkriegt

schloofe: schlafen

Schloose: Hagelkörner

schloose: hageln

schlugge: schlucken

Schlugger: Schluckspecht

Schluggse: Schluckauf

Schlupp: Schlaufe; Krawatte | *Derdoh Schlupp bassd awwer nedd. Dei Riwwer-Niwwa dääd besser basse.* | Diese Krawatte passt farblich nicht zum Anzug; Deine Fliege würde besser aussehen.

schmagge: schmecken; probieren

Schmagges: Kraft, Stärke | *Ess noch e Schwenger, dass de Schmagges enn die Oarme krischd.* | Iss noch ein Stück Schwenkbraten, damit Du Kraft in Deine Arme kriegst.

Schmeer: belegtes Brot; Marmelade (z. B. Breehmbeereschmeer)

Schmidd: Schmied (*de Schmidd*); Schmiede (*die Schmidd*)

Schnaawel, Schnawwel: Schnabel; Mundwerk

schnabbe: zuschnappen

Schnabbes: Schnaps, Branntwein; im Saarland gibt es auch heute noch jede Menge Stoffbesitzer, die ihre Maische beim örtlichen Obst- und Gartenbauverein brennen lassen

schnaegisch, schnaekisch: kulinarisch anspruchsvoll, wählerisch; von fränk. "snab(el)" = Schnabel, schnappen; vergl. auch "Schnaps" | *Beim Esse senn meer schnaegisch!* | Wenn es ums Essen geht, sind wir sehr anspruchsvoll!

schnalle: begreifen, verstehen

schnatz: sauber herausgeputzt, adrett; chic

schnause: suchen, durchsuchen; wenn jemand die Gelegenheit wahrnimmt, sich in den Sachen anderer zu orientieren, wenn dieser nicht da ist

schnawwele: plappern

schneeje: schneien

schnerre: mit großer Geschwindigkeit zurückziehen; bummeln (gehen)

schnerre losse: plötzlich loslassen

Schnibbelschesbohnesopp: Eintopfgericht aus grünen Bohnen, die nicht wie Schnittbohnen der Länge nach sondern quer geschnitten sind (fast wie "Bibbelscher")

Schnippsche: kleiner Happen; Brotstückchen

Schnooge: langbeinige Stechmücke

Schnoogepielsche: kleiner Tümpel

Schnoogeschnabber: jemand, der nicht genug kriegt und nach allem schnappt, was ihm über den Weg läuft; Kleinkrämer, Harzkrämer

Schnorres: Oberlippenbart (gerne auch als "Pornobalken" bezeichnet)

schnuurstracks: geradeaus; ohne Umweg; direkt

Schnuut: Ausguss in Form einer Lippe (z. B. am Milchausgießer); traurig-trotzige Miene (meist bei kleinen Kindern, die etwas verboten bekommen)

Schoggelaad: Schokolade

Schooges: Spaßmacher; Scherzbold

schoogesisch: scherzhaft; zu Scherzen aufgelegt sein I *Heid bisch'de awwer wedder schoogesisch.* I Heute bist Du wieder zum Scherzen aufgelegt.

Schoorschde: Schornstein; Schlot

Schoorschdefähr (-fejer): Schornsteinfeger

Schossegraawe: Straßengraben; geht auf das frz. Wort „chaussée" = Fahrbahn, Fahrdamm, große Straße zurück I *Do hinne es ääner inn de Schossegraawe eninn.* I Da hinten gab es einen Unfall.

Schrauweziehjer: Schraubendreher (durch das linksseitige Drehen mit dem Schraubendreher lassen sich die Schauben "herausziehen")

Schreibstobb, Schreibstubb: Büro

schrooh: hässlich, unansehnlich; nicht angenehm I *Em Emmsche seiner es e rischdisch schrooher Hund.* I Emmas Mann ist ein unangenehmer Zeitgenosse.

Schuddeblatz: Müllhalde, Schuttplatz (noch vor 30 Jahren gab es in nahezu jeder Gemeinde einen öffentlichen Schuttabladeplatz, auf dem die Einwohner ihr "*Geremmbel*" loswerden konnten)

Schug: Schuh

Schuggebennel: Schnürsenkel

schwaarde: verprügeln (die Schwarte klopfen) I *Komm, Franz, mer duun die aus'm Hennerregg schwaarde gehen.* I Komm, Franz, lass uns die Kinder aus dem Unterdorf verprügeln.

Schwäerin: Schwägerin

Schwäschder: Schwester

schwätze: reden; sich unterhalten

Schwätzkapp: redseliger Mensch

Schwenkbroore, Schwenger: Schwenkbraten (als tragendes saarländisches

Kulturgut); nach saarländischer Art deftig eingelegtes Schweinefleisch ohne
Knochen, das auf einem Schaukelgrill knusprig gebraten wird
Schwoer: Schwager
Schwullekobb: jemand mit krankhaft rotem (geschwollenem) Kopf; Dickkopf;
unnachgiebiger, zuweilen rechthaberischer Mensch
Schwulles: dicker Kopf (bezieht sich auf Personen, die wirklich einen über-
dimensional dicken Kopf haben)
seehrschd: zuerst; davor
sellmools, sellemools: seinerzeit; einst; einmal (im Sinne von "es war einmal")
senn: sein
Sennse: Ende (vom Wort "Sensenmann" abgeleitet) | *Jetzd es awwer
Sennse!* | Jetzt ist Schluss mit Lustig!
serläb Dach(s) (nedd): niemals; an keinem seiner ihm noch verbleibenden
Tage | *Der werrd doch serläb Dachs kae Maeschder.* | Der schafft niemals
seine Meisterprüfung.
sesammegehn: sich treffen
Sießschmeer: Marmelade; Gelee
Sießschniss: jemand, der gerne Süßes isst; Naschkatze
Simmbele: Haarspitzen
simmeliere, semmeliere: nachdenken; grübeln; philosophieren; von lat.
"simulare" = nachbilden hergeleitet; nicht zu verwechseln mit dem Wort "simu-
lieren", denn wenn wir Saarländer nachdenken, dann tun wir nicht nur als ob,
sondern wir denken dann wirklich
Simposiumshiwwel: Symposiumshügel; die Anhöhe zwischen dem St. Wendeler Ortsteil Gudesberg und dem Ortsteil Baltersweiler, mit der die "Straße
der Skulpturen" - initiiert vom St. Wendeler Künstler Leo Kornbrust - beginnt
sonnschd: sonst
Spängel, Spengel: Sicherheitsnadel (altsaarl.); Klammer (z. B. Haarklammer)
Speelzeisch: Spielzeug (Sammelbegriff)
Spiehlstaen: Spülstein; Waschbecken (geht auf die aus Steingut hergestellte
oder auch gemauerte Waschstelle in der Futterküche oder in der Waschküche
zurück)
Stääh: Holztreppe im Hausinnern (altsaarl.)
Staen: Stein
Stägge: Stecken; Stab; Stock (Spazierstock)
Stammbeschdeesel: Holzstampfer; wichtiges Haushaltswerkzeug zum
Stampfen von gekochten Kartoffeln und auch zum Stampfen des Weißkohls
für die Sauerkrautherstellung
Stammbesknepp: gestampfte, gekochte Kartoffeln, mit etwas Mehl gebunden
und dann mit dem Suppenlöffel oval ausgeformte "Knödel" (dazu Specksoße
und Backobst)
stäsche: stechen, ausstechen; ernten (bes. den Löwenzahn)
Stigger: einleitender Hinweis, dass die angegebene Menge nur geschätzt
ist | *Ei das woare so Stigger zwanzisch Leid wo noch vor meer woare.* | Es wa-
ren circa 20 Leute vor mir.

Stiggsche: Anekdote; kleine Erzählung (die meist als *Gedraadsch* hinter vorgehaltener Hand weitererzählt wird) | *Ei doh muss ich derr noch e Stiggsche ferrzeele.* | Da habe ich noch eine interessante Anekdote für Dich.
Stinkschdiwwel: sehr unangenehmer Zeitgenosse; Stinkstiefel
Stiwwel: Stiefel; Trampel, ungehobelter Kerl
Stixies: Salzstangen; die ehemalige Ensdorfer Stixi AG stellte in ihrem umfangreichen Sortiment aus süßem und salzig-herzhaftem Gebäck auch Salzstangen her, die Kultstatus erlangten; obwohl es das Unternehmen schon seit Jahrzehnten nicht mehr gibt, essen die Saarländer keine Salzstangen sondern nach wie vor *Stixies*
so: kostenlos | *Ei kann isch das ah so kriehn?* | Kann ich das kostenlos bekommen?
Stobb, Stubb: Stube, Zimmer
stobbe: stopfen (Verb)
Stobbe: Stopfen, Verschluss; kleiner Junge
stoggduuschder: ganz dunkel; nicht ganz so dunkel bezeichnet man einfach als *duuschder*
Storrze: Baumstumpf; Getränkerest in Gläsern oder Flaschen (vergl. *Orrwese*)
Stowwe: Pl. von *Stobb* (Stube)
strack: unbeweglich, starr; faul; betrunken | *Der hadd wedder gemachd, bis'er strack woar.* | Er hat sich betrunken.
Straußredd: Rede, die unter dem Kirmesstrauß gehalten wird, in der man alle wichtigen und witzigen Dorfereignisse des abgelaufenen Kirmesjahres noch einmal Revue passieren lässt
stribbe: an- und ausziehen; wegnehmen, stehlen | *Der klaen Deiwel hadd seiner Mamme foffzisch Moarck geschdribbd.* | Der kleine Teufel hat seiner Mutter 50 Mark gestohlen.
striedse: drangsalieren; schikanieren
Striezelje: Kaffeestückchen; Zopf
Strolle: längliche Kotabsonderung von Mensch und Tier; Person, die permanent "Scheiße baut"; auch Knallkopf
Stroohs: Straße, Weg
Stross: sehr stark ausgeprägtes Stimmorgan | *Der hadd joh e Stross aam Kobb.* | Er hat eine sehr kräftige Stimme.
Struddeler: unpräzis arbeitender Mensch; jemand, der seine Arbeit schnell und unordentlich "dahinsaut"
struddelisch: ungenau, unpräzise; unaufmerksam; haspelig
struwwelisch: ungekämmt, struppig, ungepflegt; geistig verwirrt
suddele: vom Rand aus im Wasser spielen (z. B. in der Regentonne im Wasser spielen ohne dabei ganz nass werden zu wollen); planschen
Sullwer: Salzlake, in der zum Räuchern vorgesehenes Fleisch eingelegt wird; Einmachlake; Einlegen "im eigenen Saft"

T: teh (dee)
Tannde: Tante; im Saarland stellt man Kindern nahezu jede weibliche Person

aus dem Verwandten- oder Freundeskreis als Tante vor; wird oft auch einfach nur als Bezeichnung für Frauen gebraucht

tibbele: asymmetrisch gehen; siehe auch *Schienetibbeler*

Tiedsche: kleine Tüte; Joint; Pariser (Kondom)

tonnke, tonnge: tunken (eintauchen); jemandem eine runterhauen | *Sei Babbe hadd'em aen getonnkd.* | Sein Vater hat ihm eine runtergehauen.

traadsche: klatschen, tratschen

traan: tragen

Traddsche: Fußspur; Fußabdruck (meist auf frisch gewienertem Boden)

trennge: trinken

trippse: tropfen | *De Kraane trippsd schon werrer.* | Der Wasserhahn tropft schon wieder.

Trippsstaenheel: Tropfsteinhöhle

Troddwaa: Bürgersteig, Gehsteig; von frz. "trottoir"

trogge: trocken

Troggelduuch, Treggelduuch: Geschirrtuch

troggele: trocknen, abtrocknen; dörren

Trooch: Trog; große Menge

Truuh: Truhe; siehe auch *Gefriertruuh*

tubbe: jemanden anhauen, antippen, anschubsen

tuggere: langsam durch die Gegend zockeln

Tuggersche: minderwertiges Fahrzeug; kleiner Traktor (mit nur einem Zylinder)

tuschele: flüstern

Tuud: Tüte (meist aus Papier, neuerdings auch oft aus Plastik); Tute, Hupe

tuude: hupen; angeben

Tuuder: Angeber

U: uuh

unn: siehe *onn* (und ...)

unne: unten

unner de Hand: nebenbei; geheim; oft auch für "an der Steuer vorbei"

Unnerboggs: Unterhose

unnere: wohnen (abwertend); herummachen (inoffizielle sexuelle Beziehung) | *Ähs unnerd neierlisch medd'eme Kerl aus emm Noboarord do eromm.* | Sie lässt sich neuerdings von einem Typen aus dem Nachbarort vögeln.

unnernanner: untereinander

unnerwääschs: unterwegs

Unnerwäsch: Unterwäsche

Uwweraasch: siehe *Iwwerasch*

V: fau

Vadder: Vater, Großvater, Urgroßvater

Vaesje: kleine Vase (für Blumen)

veduun: irren, vertun

veratze: verschlafen

verbawwere: verbeulen

verboodze: verkleiden; wird auch gebraucht, um eine Frau zu beschreiben, die es mit der Schminke übertrieben hat

verdaddere: verblüfft sein, überrascht sein

verkliggere: erklären

verkliwwere: sich besudeln

verlaafe: sich verirren, sich verlaufen; auseinanderlaufen, zergehen | *Seehrschd hann isch misch ens Schuhgeschäffd verlaaf, onn dehemm woar mei Eis dann ah verlaaf.* | Mein Eis ist zerlaufen, weil ich auf dem Nachhauseweg noch einen Abstecher ins Schuhgeschäft machte. (wenn sich der Saarländer - oder wie im Beispiel die Saarländerin - *verlaafd*, dann muss das nicht zwangsläufig bedeuten, dass er/sie nicht weiß, was er/sie tut)

verschdäggele: verstecken, etwas in Sicherheit bringen

verschdobbele: siehe *verschdäggele*

versuddele: verschütten | *De Ooba zerrerd so <u>ae</u>risch, dass'er die ganz Sopp versuddeld.* | Opa zittert so stark, dass er ständig seine Suppe verschüttet.

Viehzje: Beule am Kopf

Viez: saarländischer Apfelwein | *Nohdem'er se feh Viez hodd, hadd'er sich abgeleed on hadd dann hennerhär e Viehzje gehaad.* | Der hohe Apfelweinkonsum war für den Sturz verantwortlich, bei dem er sich eine Beule am Kopf zuzog.

vejele: vögeln (als Substantiv auch Pl. von *Vochel*)

Vochel, Vooel: Vogel (Pl. entweder *Veschel* oder auch *Vejele*)

Voorwitztuut: neugierige Person (siehe auch *Naaseweis*)

W: weh

Wääh, Wäähsch: Weg

Waan: Wagen, Karren

W<u>ae</u>d: Weide; Viehweide

W<u>ae</u>nsche: Wägelchen

Wagges: Felsblock; dicker Stein; auch Bezeichnung für die Franzosen aus dem Elsass (vermutl. weil viele von ihnen wegen des landwirtschaftl. schlecht nutzbaren Bodens gerne auswanderten oder auch von den Herrschenden wie Steine hier- und dahin "geworfen" wurden)

Wammbes: ausgeprägter Bierbauch des Mannes

Wammes: Weste, leichte Jacke; stammt von fränk. "Wams" = Polsterung ab (Unterjacke der fränkischen Panzerreiter)

wannere: umziehen; der Begriff selbst stammt aus der angrenzenden Pfalz und hat sich auch im nördlichen Saarland inzwischen etabliert

Wärrder: Wärter; Wörter

wärrglisch: wahrhaftig, wirklich

Wäschbele: Pl. von Wäschbl (Wespe)

Wäschbl: Wespe

Wäschkisch: Waschküche; in früheren Zeiten gab es in typischen Bauernhäusern immer einen küchenartigen Kellerraum mit Feuerstelle und großem

Bottich, in dem auch die schmutzige Wäsche "gekocht" wurde

Wasserlammb: Karbidlampe, die mit Wasser und Karbid (CaC$_2$) betrieben wurde

Weck: Brötchen

Weckmähl: Semmelbrösel

Wedder: Wetter

wedder, widder, werrer: wieder

Weerschwiller: dem Lauf der Oster folgend der vorletzte Ostertalort im Landkreis St. Wendel

Weibsleid: Frauen, Weiber

Weihnachde: Weihnachten

Weiselberrsch: Weiselberg (westlich von Oberkirchen); mit 569 m Höhe ist dieser erloschene Vulkan die dritthöchste saarländische Erhebung (nach dem Peterberg), der jedoch als Einzelberg, von der Sohle bis zur Spitze, als höchste freie Einzelerhebung (Berg) des Saarlandes gilt; zwischen Füsselberg und Weiselberg entspringt übrigens auch die Oster

weisele: streichen, anstreichen (aber nicht mit Öl-, oder Kunstharzfarben); der Begriff geht auf das "Kalken" von Arbeitsräumen und Stallungen zurück, wofür man in früheren Zeiten gebrannten Kalk mit Wasser verrührte und diesen verstrich; heute verwendet man den Begriff noch für das Verstreichen wasserverdünnbarer Innenfarben

Weißmählknepp: Mehlknödel (von den Zutaten her fast so wie die für den schwäb. Spätzleteig)

welljere: ausrollen; dem Ehemann eins mit dem Nudelholz überziehen

Welljerholz: Nudelholz; Holzrolle zum Ausrollen des Teiges

Wennel: Windel; in Verbindung mit "St." auch für die Kreisstadt St. Wendel (scherzhaft wegen der schwachen Wirtschaftsstruktur vergangener Tage oft auch als St. Elend bezeichnet)

Wenneldrebb: Wendeltreppe

Wennelskerrb: Wendelinunskirmes in St. Wendel (im Oktober)

Wennelsmoargd: Wendelinusmarkt (dienstags an der Wendelinuskirmes)

wennsele: wälzen (beliebt bei Kindern, die sich seitwärts einen Hang hinunterrollen bzw. -wälzen)

Werrd: Wirt

Werrdschaffd: Gasthaus

Werrsching: Welschkraut (eine Kohlart); scherzhaft Kopf

Wetzschdaen: Wetzstein, Schärfstein (wurde früher zum Nassschärfen der Sensen benötigt)

wiedisch, wierisch: wütend

wieje: wiegen

wiesawie: gegenüber (stammt von frz. "vis-à-vis")

Willer: Weiler; wird fast ausschließlich in Verbindung mit Ortsnamen gebraucht, die "weiler" enthalten, z. B. "*Hauberschwiller*" für Haupersweiler

Willewwer: Wildeber; rasender Mensch

wischbelisch: unruhig; aufgeregt; wahrscheinlich vom Wort "Wäschbl" abgeleitet, weil diese Insekten oft "wie verrückt" durch die Gegend schwirren

Wiwwelskeije: Wiebelskirchen (Kreis Neunkirchen); dort mündet die Oster - nach dem 28 km langen Lauf - in die Blies

wixe: einwachsen (z. B. die Schuhe)

woannerschd: sonstwo

Wooh: Waage | *Leed eier Metzjer sei Daume ah emmer medd off die Wooh?* | Wiegt Euer Metzger seinen Daumen auch immer mit?

Woorschwiller: Flurstück in der Gemarkung Osterbrücken, wo sich der Legende nach Liegenschaften des Klosters Wörschweiler befunden haben sollen

worgse: würgen; verschlucken; Reiz vor dem Erbrechen; etwas, das nicht schmeckt, mit Mühe in sich hineinzwängen

worres: durcheinander; leicht verrückt (temporärer Zustand)

Worschd: Wurst; im Saarländischen ist Wurst immer maskulin | *Derdoh Worschd woar awwer gudd!* | Diese Wurst hat geschmeckt!

Worschdgorrdel: grauer Naturfaden zum Binden von Rollbraten und Würsten; wird oft auch zum Verschnüren von Postpäckchen verwendet

Worschdsopp: Wurstsuppe; bei Hausschlachtungen platzen beim Kochen der Wurst viele der Blut- und Leberwürste auf; diese Brühe verwendet man dann als gehaltvolle Wurstsuppe

Wutzekaschber: jemand, der sich zur Belustigung anderer auch gerne im Dreck suhlt

wuuschd, wieschd: wüst, schlimm; grimmig

X: iks

Xangsbuuch: Gesangbuch (Sammlung von Kirchenliedern in Buchform)

Xangverein: Gesangverein | *Eisch hann geheerd, eehr dääde enn eierm Xangverein emmer nur noch off'm Hemmwääsch senge.* | Ich habe gehört, dass Euer Gesangverein nur noch auf dem Nachhauseweg singt.

Y: üpzilon

do gebbd's awwer kenn Wärrder

Z: tsedd

zabbe: zapfen, anzapfen (z. B. ein Bier)

Zabbe: Ende, Schluss; Zapfen; von "Zapfenstreich" abgeleitet

Zabbeduuschder: Aus und vorbei!

Zaejer: Zeiger

zaggere: pflügen (abgeleitet von den "Zacken" am Pflug)

Zeewegriwweler: jemand, der sich zwischen den Zehen kratzt; Grübler; Pedant; meist Bezeichnung für jemanden, der den ganzen Tag lang nichts oder nur unnützes Zeug tut; auch für "Faulenzer" gebraucht

Zeewenachel: Zehennagel

zeirisch: zeitig, rechtzeitig; reif | *De Morje senn eisch emool zeirisch aus emm Haus gang.* | Heute Morgen habe ich einmal rechtzeitig das Haus verlassen.

Zeirung: Zeitung

Zerrelje: Zettelchen

Zimmetwaffele, Zemmetwaffele: Zimtwaffeln

Zisch: Decke, Bettdecke (Überdecke)
Zischel: Ziegel (bes. Dachziegel)
zischmol(s): häufig; sehr oft
Zittrien: Citroën (französische Automobilmarke, die bis in die 70er Jahre des letzten Jahrhunderts im Saarland stark vertreten war)
zobbele: zupfen; zerren
zobbelisch: zerrissen; zerzaust; zottig
Zogger: Zucker
Zoggerschdiggsche: Zuckerstückchen; hübsche Frau; Freundin
Zores: Ärger; Aufhebens um etwas machen; aber auch Unordnung
Zott, Zutt: langer, röhrenförmiger Ausguss (an der Kaffeekanne), vergl. auch *Schnuut*
Zuuch: Zug
Zwerrwel: Zwirbel, Haarzwirbel
Zwiwwel: Zwiebel; mechanische Armbanduhr; altes oder unmodernes Gerät I *Was seed dann dei Zwiwwel?* I Wie spät ist es?

7. *Unterwegs im Saarland*

Auch im Saarland kommen Touristen immer wieder in Situationen, die man als urlaubstypisch bezeichnen kann, so etwa die Frage nach einem Restaurant oder die Frage nach dem Weg zu einer Sehenswürdigkeit. Für die wichtigsten Situationen finden Sie hier die passenden Sätze.

Falls Sie in dieser Kurzübersicht nicht die passenden Sätze finden, steht Ihnen das umfangreiche Vokabelverzeichnis (mit weiteren Sätzen und Redewendungen) zur Verfügung.

7.1 **Rund ums Auto**

Können Sie mir den Weg ins Ostertal beschreiben?	*Saan se mol, eisch suche es Ooschderdaal. Wie fenn'isch dann am bäschde dord hiehn?*
Ich habe eine Reifenpanne. Könnten Sie bitte Hilfe holen?	*Isch hann e Pladder. Kenn'de se mol beschaed saan?*
Mein Autos ist defekt. Können Sie es bis morgen reparieren?	*Die Maschien es hiehn. Kenne se das bis morje widder rischde?*
Gibt es hier Parkmöglichkeiten?	*Wo kamm'er dann doh paarge?*

7.2 **Im Restaurant**

Ich möchte gerne die Spezialität des Hauses probieren.	*Isch dääd gääre eier bäschdes Esse esse.*
Bringen Sie mir bitte die Weinkarte.	*Ei brenge se mol die Kaard me de Gedränge vorbei.*
Wo sind denn die Toiletten?	*Wie fenn'isch dann doh es Urinaal?*
Ich möchte bitte zahlen.	*Mache se mer mol die Räschnung.*

7.3 **Apotheke und Arzt**

Haben Sie etwas gegen Insektenstiche?	*Misch hadd e Wäschbl geschdoch. Hann se doh ebbes ferr droff?*
Ich bin erkältet. Können Sie mir etwas verschreiben?	*Isch hann die Fräck. Kenne se mer do ebbes degehje genn?*
Ich habe Durchfall. Können Sie mir etwas dagegen verschreiben?	*Isch hann die Laafdaebber. Kenne se mer doh nedd ebbes genn?*
Mir ist es übel. Gibt es etwas dagegen?	*Meer es so raulisch. Gebbds do ebbes degehje?*

Kultur

Um welche Uhrzeit fängt denn das Konzert an?	*Omm wiffel Uhr fange se dann aan medd'em Konzerd?*
Gibt es hier irgendwelche Sehenwürdigkeiten?	*Gebbds doh ebbes wo aansegugge sisch lohne dääd?*
Welche kulturellen Highlights gibt es sonst noch?	*Was gebbs'n doh schonnschd noch so alles?*
Können Sie mir ein Ausflugsziel empfehlen?	*Hann'se e Plaan, was isch sonnschd noch so mache kennd?*

8.   *Abschließende Hinweise*

Auf der Webseite http://saarlaendisch.lencioni.de finden Sie den Online-Kurs, in dem alle Lektionen und Sprachbeispiele aus dem Buch vertont sind. Für die Nutzung des Onlinekurses ist ein Passwort erforderlich, welches Sie direkt auf der Webseite finden.

Der zweite Band dieses kleinen Saarländisch-Kurses befindet sich aktuell in Vorbereitung. Dort werde ich Ihnen - neben der Erweiterung der saarländischen Vokabeln - eine Reihe mundartlicher Texte und deren Interpretationen vorstellen. Die Vertonung der neuen Texte steht dann auch online für Sie bereit.

Bildnachweise:
Einbandfoto - Frank Lencioni (kleiner Viadukt in Seitzweiler)
Dialektgrenzen - Frank Lencioni (nach handkolorierter Vorlage)
Vertonungssymbol - Frank Lencioni (vom Urentwurf übernommen)

Für Ihre Notizen zur saarländischen Sprache und Kultur:

Für Ihre Notizen zur saarländischen Sprache und Kultur: